日経文庫
NIKKEI BUNKO

経済を見る3つの目

伊藤元重

日本経済新聞出版社

まえがき

大学時代にお世話になった先生から、「経済学は現実の経済の一筆書きでなくてはいけない」と何度も言われたことがあります。

現実の経済は複雑であり、それをただ記述するだけでは何の意味もない。重要な現象をできるだけ明快に切らなければいけない。頭にすっと入っていくようなキーワードで表現しなくてはいけない。ワンセンテンスで説明できなくてはいけない。これらが「一筆書き」ということです。経済を理解するためには、「解釈」が必要であるともいえます。

大学で本格的に経済学を学びはじめてから、もう40年以上もたってしまいました。その間、ずっとこの「一筆書き」を意識しながら経済を観察し、経済学について考えてきました。

「経済を見る3つの目」と題したこの本では、私がどのようなところにこだわって経済を見てきたのかお伝えしたいと思います。大学のゼミの学生たちには、折に触れてそうしたことを話し、学生たちもそうした話を真剣に聞いてくれました。今回は日本経済新聞出版社の堀口祐介氏に勧められて、そうしたゼミでの話などを文章にしてみました。

経済学とは、実に切れ味のよい分析手法です。経済学の手法を身につけたおかげで、いろいろな問題について、少しは深く考えられるようになりました、そう実感するからこそ、できるだけ多くの人に経済学の考え方を身につけてもらいたいと思っています。ただ、大学の経済学の教科書はやさしくはありません。英語を本格的に学ぶためには文法書を読むのがよいのですが、文法書を読むのはあまり楽しいことではありません。経済学の教科書にも、文法書に似たところがあります。

難しい経済学の本を読まなくても、とりあえず身につけられる経済の見方はあるはずです。現実に起きている経済現象には、マクロ経済の大きな動きでも、個別産業でのミクロの動きでも、実に面白いものがたくさんあります。そうした経済現象を観察する面白さを、この本で伝えられればと思います。多くの読者に経済問題を考えるのは面白いと感じてもらえることを願っています。

2014年6月

伊藤　元重

経済を見る3つの目――［目次］

第3章 魚の目――経済の潮目を読む

序章　経済をとらえる３つの目を磨く

経済を理解するには秘訣があります。私が若いころに先輩から教わり、いまでも大事にしている言葉に「経済を見るには3つの目が必要」というものがあります。3つの目とは、「鳥の目」「虫の目」「魚の目」です。この3つの目を磨いていけば、少々取っつきにくい経済も、次第に飲み込みやすくなっていくことでしょう。

マクロで経済に近づく――鳥の目

まずは「鳥の目」です。「鳥瞰」という言葉があるように、高いところから物事を広く大きく見る視点で、要はマクロ（macro＝巨視的）で経済を見ることが重要であるということです。

例えば、遠いヨーロッパの小国ギリシャで財政危機が起こったことで急速に円高が進行し、日本の輸出産業が大変厳しい状況に追い込まれるということがありました。こういうことは経済ではよくあります。

たとえ遠い国で起きた小さな出来事であっても、それによって世界の経済がどう動き、その中で為替レートがどう変動するのか、そしてそれが日本の産業や私たちの生活にどうかかわってくるのか、それらを大きな動きとしてとらえることが、経済を見る上ではとても重要です。このように物事を見る視点が鳥の目です。

経済学にはマクロ経済学（macroeconomics）という分野がありますが、これは、鳥の目によって経済を大きくとらえようという考え方です。経済を鳥の目でとらえるためにはどういう視点があるのかを、具体的な例を挙げながらお話ししたいと思います。

ミクロで経済に近づく――虫の目

次は、「虫の目」です。これはミクロ（micro＝微視的）で物事を見ることで、経済の細かいところを掘り下げていくことが重要だという意味です。ミクロの目といってもいいかもしれません。

例えば薬局では、いろいろな種類の風邪薬が売られていて値段もさまざまですが、実はその値段の背後には、製薬会社がどのように商品を売っていくかという戦略が隠されているケースが多くあります。

少し古い話になりますが、ＯＴＣ（over the counter＝一般用医薬品）という処方箋の要らない薬を専門に販売しているお店でO製薬やS製薬などの薬を売ると、6割ほどのマージンがお店に入るといわれていました。ほかのメーカーの薬は3～4割のマージンですから、お店にすればこれらの会社の薬を売るほうが利益を出せます。

このように価格には、私たち消費者が払う小売価格、小売店がメーカーに支払う代金である仕入価格と複数あります。そして、小売価格と仕入価格の差であるマージンには、企業の戦略や思惑が隠されているのです。

この場合、ＯＴＣ専用医薬品メーカーは小売店には安い価格で卸し、ほかのメーカーと同じ価格で売ってもらうことで、小売店により多くのマージンをとってもらい、そのインセンティブを梃子にして売上を伸ばすという戦略を描いたわけです。

ところが、こうした売り方をする商品は往々にしてディスカウンター（安売り店）の餌食になります。安売り店は安く仕入れることができる商品なら、通常のマージンを乗せて売ればもっとたくさん売れると考えます。そこで、テレビのＣＭでよく宣伝されている人気飲料が店頭で大量に安売りされたりします。もちろん、メーカーとの間にはいろいろな確執があったことでしょう。こうした話は経済の中で見落としがちですが、案外重要な意味があるものです。

では、私たちはどのように価格を観察すればいいのでしょう。私は、２つの見方があると思います。

1つは、自分たちが日ごろ買い物をしているお店の価格や商品について、より注意深く見るということです。

もう1つは、価格の変化の背後には必ず何か事件や出来事があるので、新聞や雑誌に載っている企業や商品の動向を注意深く見ることです。きっと自分の日ごろの経験と重なった部分から、いろいろなことが見えてくるはずです。

このように虫の目で経済を見ることも重要です。エネルギー問題から金融問題、あるいは先に挙げた流通からメーカーの動き、あるいは雇用の現場から税金のあり方まで、さまざまな問題を虫の目で見ることができます。

潮目の変化を見極める——魚の目

3つ目が「魚の目」です。先述の先輩からは、これがいちばん大事だといわれました。魚の目とは、潮の流れの変化をしっかり見極める眼力、あるいは経済の流れを見る力だといえます。

ただし、魚は目で潮の流れを知るわけではありませんから、これはあくまでものの喩えです。でも、潮の流れを読めなければ魚は生きていけません。同じように、経済にも非常にゆったりとした流れもあれば、ときに激しい流れもあります。その変化をしっかりと見る力を持つことは、経済を見る上でいちばん大事なことかもしれません。

経済を見ていると、潮の流れが大きく変わる瞬間があります。その変化の実態が何であるかを見ることで、経済への理解がより深まります。いまの日本でいえば、アベノミクスという流れが出てきて、デフレーションにどっぷりと漬かっていた経済が大きく変わろうとしています。

この変化の中で、いままで見えてこなかったいろいろな動き――例えば株式市場や日本の産業のあり方、人々の働き方――が出てきています。その変化がどの方向に進んでいるのかを見ることが、いまの日本経済をとらえるには有益です。

また、過去の日本経済の潮目を見ていても、なぜ高度経済成長があったのか、石油ショックは日本をどう変えたのか、1985年のプラザ合意以降の円高で日本社会はどう変わったのか、なぜバブルが起きたのか、なぜバブルが崩壊して長期のデフレ経済に陥ったのか、なぜデフレから脱却するためにアベノミクスが必要なのか、そしてそれが日本をどう変えようとしているのか、等々の変化に焦点を絞ることによって、いろいろなことが見えてくるでしょう。

変化を見るもう1つの重要なポイントは、いままで「常識」だと思われていたものが、今後も同じように通用するとは限らないということです。

例えば、ＢＲＩＣｓという言葉があります。これが、ブラジル（Brazil）のB、ロシア（Russia）のR、インド（India）のI、中国（China）のCを合わせたものであることは、広く知られています。さらにいえば、BRICsはこの4つの国だけを表すのではありません。こうした国々に象徴される、いわゆる新興工業国が今後大変な勢いで成長していくだろう、というニュアンスが込められていたのです。

そもそもこの言葉は、２０００年代の初めにゴールドマン・サックスという巨大金融グループのジム・オニールという人物が使いはじめました。そして、その後、実際にこのＢＲＩＣｓをはじめとする新興国が急成長したことから、広く定着するようになったのです。

しかし現在では、これらの新興国に明るい未来が待っているとは必ずしもいえない状況が生じてきました。つまり、この言葉が出てきた当時の、「伸びゆくＢＲＩＣｓ」から、「いろいろ問題の多いＢＲＩＣｓ」へと、その意味は大きく変わろうとしているのです。

こうしたことが、まさにいまの経済を考えるときに重要になってきます。ひとつの言葉が持っていた意味やニュアンスの変化を感じ取ることが、潮の流れを見る魚の目であり、それがとても重要だということです。

本書では、鳥の目、虫の目、魚の目という3つの視点で日本経済をどのように見ていったらいいか、あるいは世界経済をどうとらえたらいいかということを述べていきたいと思います。そのためにいろいろな事例を取り上げますので、それらによって皆さんの経済に対する見方を深めていただければ幸いです。

第1章

鳥の目——マクロの視点でとらえる

1　無敵の6つ道具――経済がわかる基本的な指標

経済は、我々の身の回りで、いろいろなかたちでその姿を見せています。店に行ってものを買う際にも、就職活動で仕事を探すときにも、家を買うために住宅ローンを組む場合にも、経済の断片は見えてきます。

ところが、それをいざ「経済」という概念でとらえようとすると途端に難しくなります。つまり、経済は身近なところにあるのですが、それを見ているだけではマクロとしての経済を理解することは難しいということです。

マクロで経済をとらえるために、読者の皆さんに心がけていただきたいことがあります。それは、マクロ経済を見るためにはいくつかの基本的な指標やデータ、あるいは概念というものがあるので、まずはこれを自分なりにしっかりと理解するというところから始めることです。

とはいえ、プロのエコノミストになるわけではありませんから、それほど多くの指標について詳しい知識を持つ必要はありません。ここでは、6つの基本的な経済指標について説明します。これを押さえておけば、マクロの経済がある程度見えてくるので、これらは経済を知るための７つ道具ならぬ、６つ道具といえます。

その１つ目は、ＧＤＰです。Gross Domestic Product＝国内総生産といいますが、一国の経済全体の大きさを表す指標で、この数字によって海外との比較、あるいは過去との比較をして、経済を見ることができます。

次に重要な経済指標として、物価というものがあります。物価は物価指数という指標で見ることができますが、この物価指数を使って２つのとらえ方ができます。それを理解することがとても重要です。１つは貨幣価値で測る「名目」の価値であり、もう１つは実体のある価値として測る「実質」の価値です。

３つ目は、利子あるいは金利といわれるもので、これは皆さんが普段からなれ親しんでいる預金の利子や住宅ローンの金利などです。経済の金融的な側面を見るときにいちばん重視すべき変数が利子や金利であり、これが経済にどのような影響を与えるのかを知ることは大変重要です。

４つ目に重要なのは、失業率あるいは有効求人倍率と呼ばれるもので、これは雇用に関する指標です。雇用は人々の生活に最も影響が大きいものですから、政府はこれを安定化させることをきわめて重要な目標として施策を行っています。この雇用状況がどうなっているかを見るための失業率は、マクロ経済の動向を見る上でとても重要な変数です。

5つ目の重要な変数として、為替レートがあります。これも日々のニュースの中で、円がドルに対して高くなり輸出産業が大変だとか、円安が進行して海外からの観光客が急増している等々、いろいろな報道がされているので、意外になじみ深い変数だと思います。しかし、これを詳しく追究していくと、グローバル経済を見る上で重要なことがとてもたくさんあることがわかります。

同じくグローバル経済を見る上で重要なのが、6番目となる国際収支です。なかでも重要なのが貿易収支あるいは経常収支と呼ばれる概念で、貿易収支は輸出と輸入の差です。日本は、貿易収支がずっと黒字でしたが最近になって赤字が続き、これから大変だというような報道を見聞きした人も多いと思います。貿易収支や経常収支がどんな動きをしているのか、それが日本経済全体の流れとどうかかわっているのかは、やはりとても重要です。

第1章では、これらの指標について具体的な例を挙げながら、順番に説明していきます。

２　ＧＤＰで大事なことは２つある

ＧＤＰの中身は「生産」でもあり「分配」でもある――数字が持つ２つの顔

図表１－１は、世界の主要国をＧＤＰの額が大きいところから順に並べたものです。これを見ると、いま世界の中でどの国が経済的な規模で大きいのかがわかります。

例えば、日本は世界第３位で中国は２位ですから、中国はいま日本より大きい経済規模になっているということです。また、１位のアメリカは中国とは桁違いの規模になっていますが、いずれ中国に抜かれるだろうと多くの専門家は考えています。それは、アメリカと中国のＧＤＰの推移を１つのグラフの上に置いてみればわかります。このように私たちは、ＧＤＰという指標を用いて世界の経済情勢を知ることができます。

ＧＤＰは、１月１日から12月31日の１年間あるいは４月１日から３月31日の１会計年度に、その国の中で新たに生み出された付加価値を足し合わせたものです。付加価値というのは、例えば自動車産業であれば、自動車産業全体で１年間に生産された額からそれを生産するためにほかの産業から購入した原材料分を差し引いたものになります。つまり、ＧＤＰとは、

図表１－１　世界の主要国のGDP　(2012年、単位：10億ドル)

国名	GDP
アメリカ	16,245
中国	8,229
日本	5,938
イギリス	2,484
ブラジル	2,248（推計値）
インド	1,859
韓国	1,130（推計値）
インドネシア	878
スイス	631
台湾	475
タイ	366
マレーシア	305
ドイツ	249

出所：IMF, *World Economic Outlook Database*, April 2014

生産という面から自動車や農業、流通など、あらゆる産業が国内経済にどれだけの貢献を生み出したかを統合した数字といえます。

さて、経済の考え方で重要なのは、同じ事柄を別の角度からも見てみるということです。例えば、いま私は自動車産業の生産額からほかの産業から購入した原材料を引いたものを付加価値と説明しましたが、同時にこれは、労働者に支払った賃金や国に納めた税金、さらにはその産業が計上した利益等々に分解することができます。経済学では、こうしたものを要素所得といいます。すると自動車産業の付加価値には、生産という面とともに分配された所得という面もあることになります。

つまり、１年間に日本の国内で生み出された賃金、利潤あるいは政府の税収などをすべて足し合わせたものも、日本のＧＤＰであると考えることもできるのです。

このように1つの経済指標には2つ以上の顔があることを押さえておくと、いろいろな問題を考えるときにもメリットがあります。例えば、先ほどの世界のＧＤＰの図表（図表1－1）に戻れば、ここに出ている金額はそれぞれの国がどれだけのものやサービスをつくったのかということを表しているだけでなく、それぞれの国でどれだけの所得が生み出されたのかを表している、と読み取ることもできるわけです。

1人当たりのＧＤＰでも後れをとる日本

ＧＤＰをもう1つ別な方向から見てみると、例えば中国のＧＤＰが日本より大きくても、中国が日本より豊かであるということには必ずしもならないということがあります。なぜなら中国には日本の10倍以上の人口があり、それだけの人口で稼いでいるのですから、多少近代化が進めば日本よりＧＤＰが大きくなるのは当然ともいえるからです。そこで、経済の大きさを測るもう1つの指標として、1人当たりのＧＤＰという指標が必要になってきます。

1人当たりのＧＤＰは、その国のＧＤＰを人口で割ったものです。主要国の1人当たりの

ＧＤＰを大きい順に並べた図表１－２を見てみましょう。これも国のＧＤＰと同じように、１人当たりの生産と同時に１人当たりの所得が表されているのです。

この表を見ると、先ほどのＧＤＰの表とはだいぶ順位が違っています。１人当たりのＧＤＰの１位はルクセンブルクです。ここは人口60万人足らずの非常に小さな国ですが、金融を中心に稼いでおり、１人当たりで見ると大変大きな所得を生み出している豊かな国です。

そのほかにも、１人当たりのＧＤＰで日本より豊かな国としては、ノルウェー、スイス、オーストラリア、スウェーデン等々が目につきます。いずれの国もＧＤＰランキングで見れば決して大きくはありませんが、１人当たりを見ると大変高い数字を挙げています。

スウェーデンやデンマークは福祉大国であり、年金や医療の制度が非常に充実していますが、同時にそれを支えるために非常に重い税金を国民に求めている国でもあります。そういう国が、経済全体のパフォーマンスとして、１人当たりで非常に高い所得や生産を実現しているということに、我々が学ぶべき点が多いのではないかと思います。

スイスが１人当たりの所得として高い数字を挙げているのも、注目すべきことでしょう。スイスは山に囲まれて海がない国ですから、地理的には決して有利な条件にあるわけではないのですが、徹底的なグローバル化を進めることによって、高い生産と所得を実現している

図表1－2　1人当たりGDPランキング（2012年、単位：ドル）

順位	国名	GDP	順位	国名	GDP
1	ルクセンブルク	89,417	19	イタリア	34,141
2	ノルウェー	66,135	20	ニュージーランド	32,888
3	スイス	53,641	21	スペイン	32,559
4	アメリカ	51,689	22	イスラエル	31,364
5	オーストラリア	44,407	23	韓国	30,011
6	オーストリア	44,141	24	スロベニア	28,482
7	アイルランド	43,803	25	チェコ	27,527
8	オランダ	43,348	26	ギリシャ	25,987
9	スウェーデン	42,865	27	スロバキア	25,848
10	デンマーク	42,787	28	ポルトガル	25,802
11	カナダ	42,114	29	エストニア	24,260
12	ドイツ	41,923	30	ポーランド	22,782
13	ベルギー	40,838	31	ハンガリー	22,635
14	フィンランド	39,160	32	チリ	21,486
15	アイスランド	39,117	33	トルコ	18,328
16	フランス	36,933	34	メキシコ	17,019
17	日本	35,482	35	中国	9,059
18	イギリス	35,471			

注：OECD加盟国34ヵ国中の順位。ほかに中国の数値を掲載
出所：OECD, StatExtracts, Annual National Accounts Database（2014年5月2日現在）

のです。

オーストラリアが非常に高い所得であることを、意外に思う方が多いかもしれませんが、オーストラリアは大変な資源大国で、石炭、鉄鋼石、あるいは農産物などがこの国の豊かさにつながっています。

日本を見てみると、1人当たりのGDPは3・5万ドル前後ありますが、6万ドル、8万ドルを実現しているノルウェーやルクセンブルクはまだまだ遠い存在です。日本がどうしたら、5万ドルクラブ、6万ドルクラ

ブに入っていけるかを考えることは、将来の日本の豊かさや方向性を考える上で非常に重要な視点になります。それが、日本の社会のさまざまな問題を考える上でも大事なことになるでしょう。

「名目」と「実質」でわかる「失われた20年」

ＧＤＰに限らず、本書でお話しする他のマクロ経済の指標でも重要になるポイントとして、「名目」と「実質」という考え方があります。もちろんＧＤＰにも、「実質ＧＤＰ」と「名目ＧＤＰ」があります。

実質ＧＤＰは、ＧＤＰから物価の部分を除外して計測したＧＤＰの伸びです。これを別の言い方をすると、ＧＤＰの中には2つの異なった部分が存在しているということになります。その1つが物価です。ある国の生産や消費が変わらなくても、物価が高くなればそれだけでＧＤＰは増えます。これは必ずしもうれしいことだけではありませんが、そういう名目で数字が伸びるということが、ＧＤＰにはあるということです。

そしてもう1つが、実際の生産や消費の量で測ったもので、これが実質ＧＤＰです。仮に物価が上がらなくても、実体としての生産が拡大していけば、当然、実質ＧＤＰは増えてい

図表１－３　日本のGDPの推移（1990～2012年）

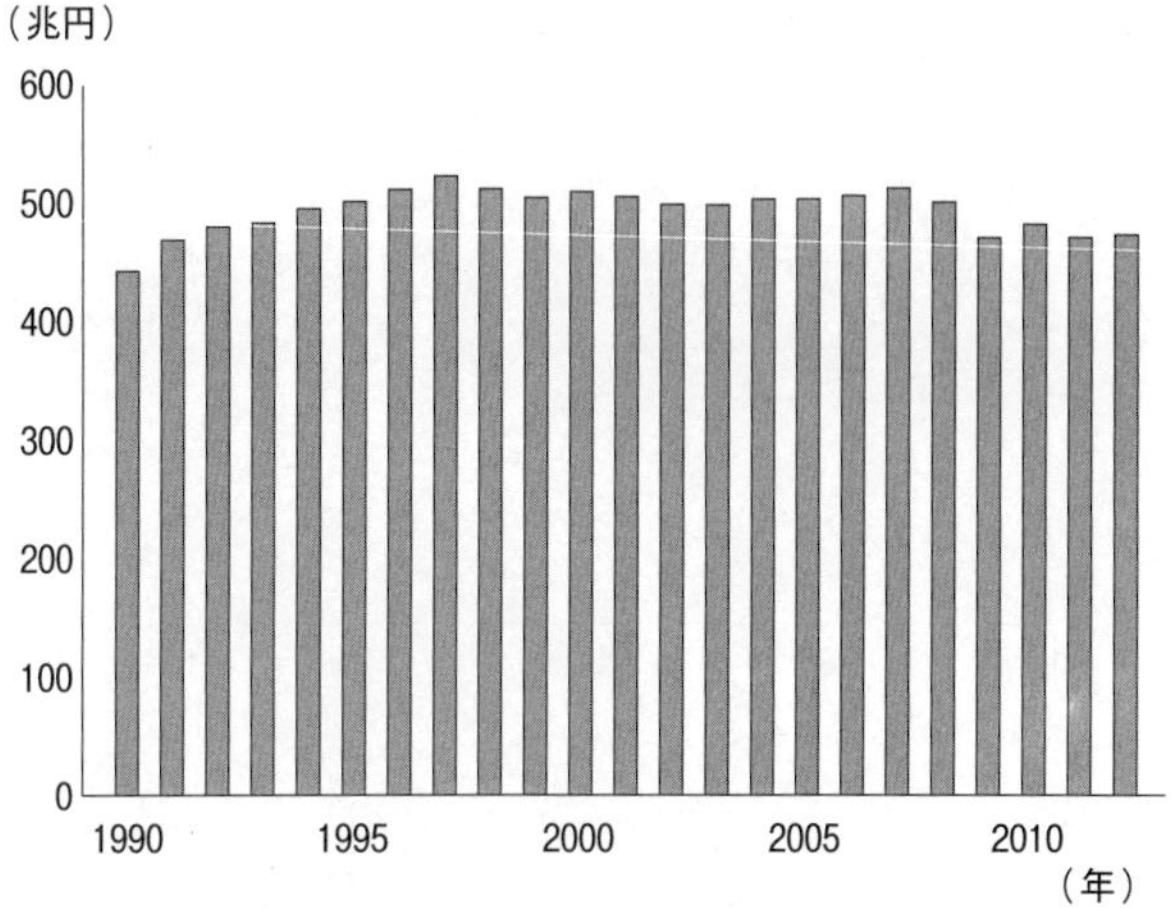

出所：内閣府「国民経済計算確報」

きます。

まず、図表１－３を見てください。これは、１９９０年以降の日本のＧＤＰの推移をグラフにしたものです。これを見ると、非常にショッキングなことですが、いまの我々のＧＤＰの水準は、10年前、20年前のＧＤＰの水準に比べてかなり規模が小さくなっていることがわかります。

つまり、日本の経済規模は縮小している、ということがこのグラフから見えてくるのです。なぜ、こういうことが起こっているのか。その理由が、まさにこの名目と実質のはざまに存在するのです。

このグラフに示されているＧＤＰは、名目のＧＤＰです。よく知られているよ

図表１－４　日本の実質GDPの成長率（1990〜2012年）

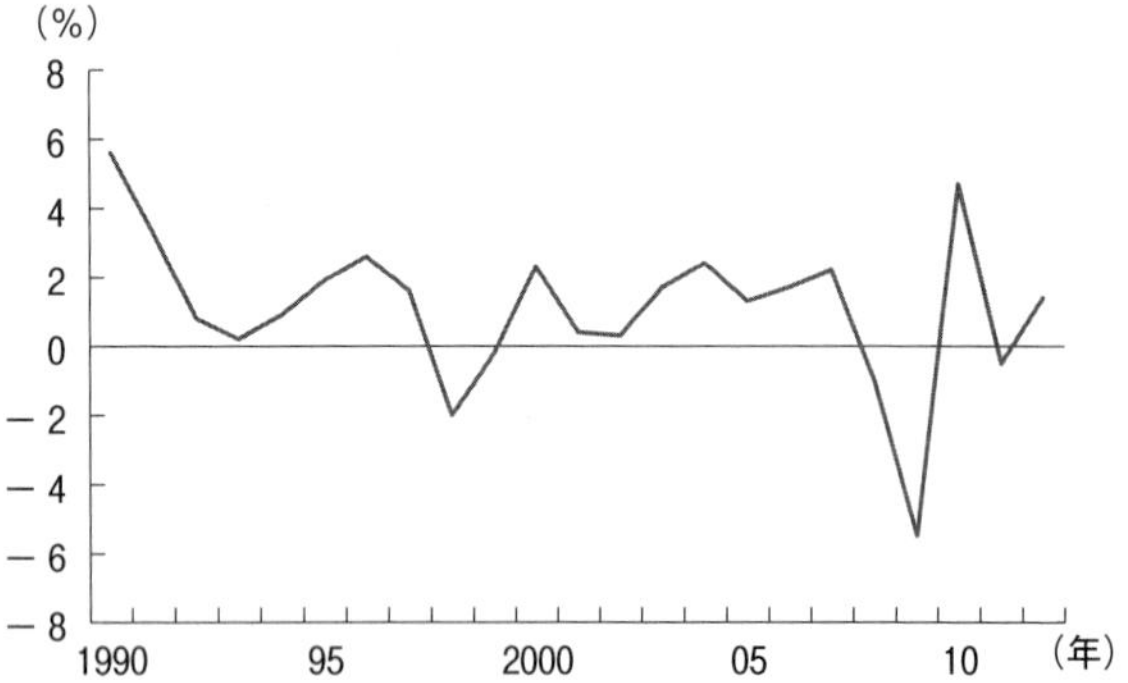

出所：内閣府「国民経済計算確報」

うに、１９９０年からの20年間というのは、日本がかなり深刻なデフレを経験してきた時期です。デフレが続くなかで、ものの価格や賃金などがどんどん下がったために、それが名目価値としてのＧＤＰの規模をずっと抑え込んできたのです。

これと対比するかたちで、次に日本の実質ＧＤＰの成長率を示しています（図表１－４）。これを見れば、物価を除いたＧＤＰがどれだけ伸びているかがよくわかります。実際の生産や生産量がどのように伸びているかを示しているのが、日本の実質ＧＤＰの成長率ですが、これがこの20年間は決して高くはありませんでした。日本は非常に低い成長率に甘んじていたということです。

しかし、少なくとも日本の実質成長率はこの20年間、低いなりに基本的にプラスで推移してきました。つまり、実質で見ればGDPは伸びているにもかかわらず、名目で見るとGDPが縮小している。これが、この20年間の日本経済の重要な特徴なのです。

その特徴は、実質と名目という考え方で説明できます。過去20年間、日本では、実質GDPすなわち実体の生産量は少ないながらも平均して拡大してきたにもかかわらず、物価が一貫して下がり続けてきたために、結果的に名目GDPは下がり続け、先ほどのグラフのような状況になったのです。

したがって、これからGDPを見る場合、それが名目なのか実質で見ているのかを意識することが、非常に大事だということがわかります。それを端的に教えてくれるのが、この20年の日本経済の動きあるいは停滞だと思います。

アベノミクスの目標は経済成長率のアップ

実質GDPの変化率を経済成長率、あるいは実質経済成長率といいます。実質経済成長率は、物価の動きを排除した実際の生産額が年率で何%伸びているかを表したもので、経済の活力の程度を測る最も重要な変数です。

図表1－5は、日本の過去約40年の実質経済成長率の動きを追ったものです。これを見る

図表1－5　日本の実質経済成長率（1960～2012年）

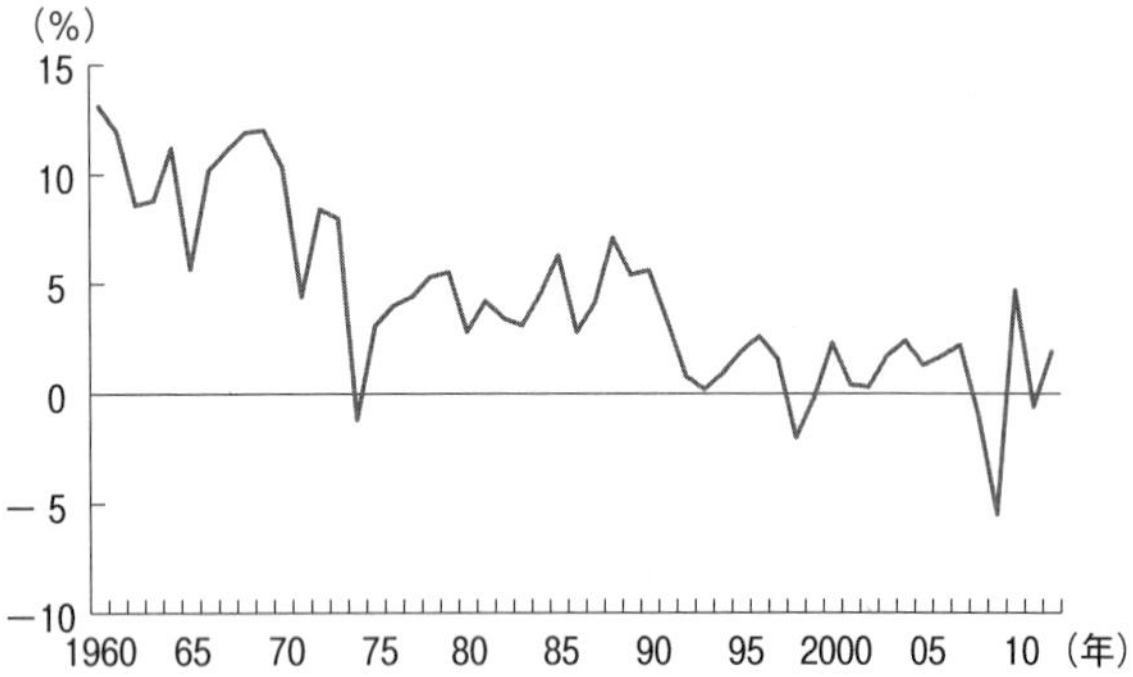

出所：内閣府「平成25年度　年次経済財政報告」

だけで、過去のいろいろなことがわかります。

１９６０年代から73年までは平均で10％を超えるような高い経済成長率を、日本は実現してきたことがわかります。この時期を、日本では高度経済成長期といっています。毎年10％も成長したということは、数年で日本の生産額や所得は倍増する、現在では想像もつかないような時代だったわけです。

１９７３年と79年ごろに、日本の成長率が大きく落ち込んでいることがわかります。これは、いわゆる第１次（１９７３年）と第２次（１９７９年）の石油ショック後の時期に当たります。このときの日本は、大半を輸入に依存していた石油の価格が高騰した影響を受けて経済が大きく落ち込みました。石油ショックという国際政治に端を発する変化によって、日本経済が大きな打撃を受けたことが、成長率の落ち込みという事実によって描かれています。

１９８０年代に入ると、経済はようやく落ち着き、成長率も５％平均で伸びていることがわかります。しかし、これは逆に高度経済成長期のような急速な成長はもうできなくなったことを示しており、日本経済は成熟期に入ったととらえられています。それでも、この時期は現在に比べれば非常に高い成長率を実現しています。

そして、１９９０年代の初めになると、日本の経済成長率は大きく下がってしまいます。これは80年代の末から90年代にかけて膨らんだバブル経済が崩壊して、日本の経済全体が大きな調整を余儀なくされたということです。90年代後半には金融危機が発生し、日本の経済は大変なことになりますが、この時期には日本経済の成長率は非常に低いことが読み取れます。

２０００年以降も年によって変動がありますが、日本の経済成長率は非常に低いまま推移していきます。１９９０年代から２０１０年代初めまでの時期は「失われた20年」と呼ばれることもあります。非常に低い経済成長率に日本は甘んじていたことが、ここからも見て取ることができます。アベノミクスという政権にとっての大きなチャレンジは、この20年近く

図表1－6　景気循環のイメージ

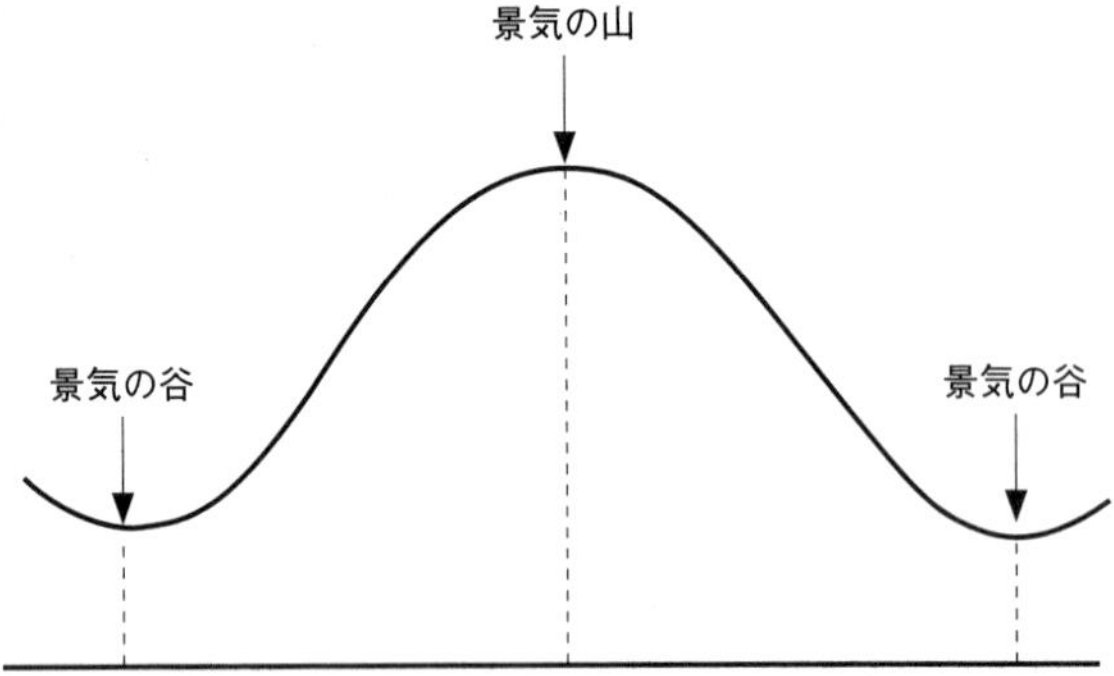

の間落ち込んでいる日本の成長率を、どう押し上げるかという大きな課題に挑んだものといえます。

このように経済成長率を見ることによって、その国や地域の経済にどれだけの活力があるかがわかります。また、さらによく見ていくと、時代ごとの変化とともに経済が循環していることも読み取れるでしょう。年のデータより月のデータというように、もう少し細かい区分のデータで見るとさらによくわかると思いますが、経済には常に景気循環のようなものがあるといわれています。

図表1－6は、景気循環のイメージを描いたものです。景気が好調期から次第に低迷し、そこから反転してまた好調に戻るというサイクルを描くことはよくあります。これは成長率の動きにも表れ、一般的に景気がよくなればなるほど経済成長率は高くなり、景気が

悪くなると経済成長率は低くなるといえます。

したがって、政府も実質経済成長率に常に気を配って経済政策運営をしなければなりません。ときには経済成長率を何%までにするのかが政策の目標にもなり、あるいは経済を判断する上でも重要なポイントになります。

3　物価と金利は、実質と名目の違いがわかれば合格

暮らしに直結した指標——消費者物価指数

この実質と名目を区別する意味では、物価というのも重要な変数です。物価がどのように計測され、それが経済の動きにどう関係するのかは、現実の政策で非常に大きな問題になります。

2013年3月の黒田東彦日本銀行総裁誕生は、マーケットから大きな期待感と驚きをもって受け止められました。その黒田総裁が最初に打ち出した政策が、2015年までに日本の物価の伸び（＝物価上昇率）を2%にしていくというものでした。いつまでに物価上昇率を何%にもっていくかという目標を立てて、金融政策を運営することをインフレーショ

図表1－7　日本の消費者物価上昇率の推移（1980～2013年）

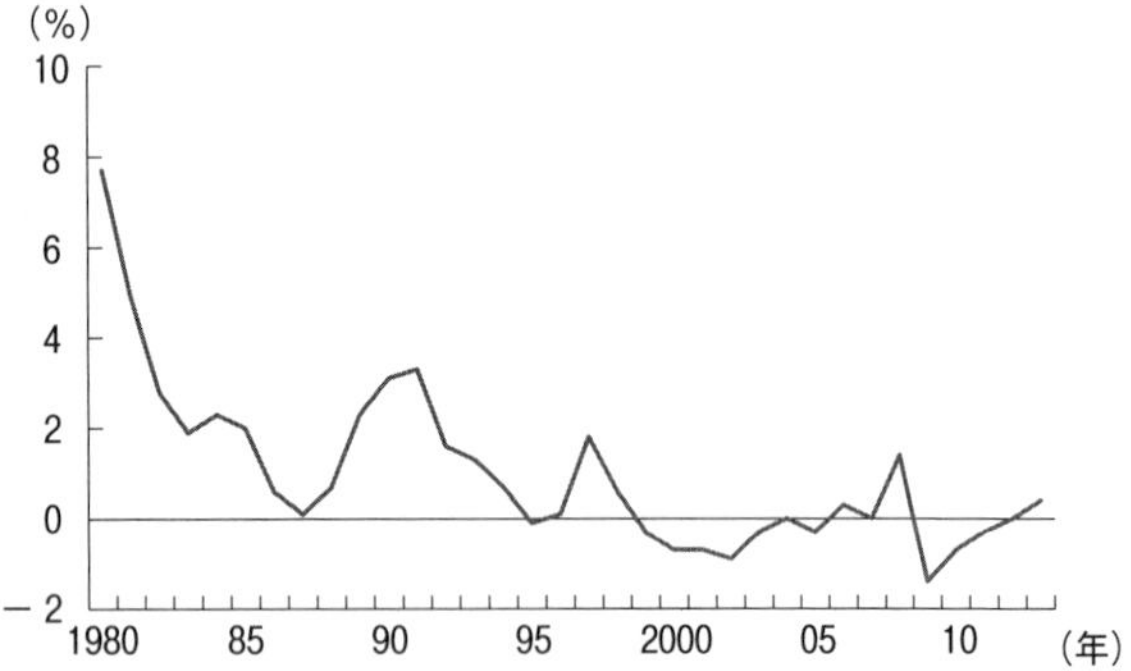

注：全国　総合
出所：総務省統計局

ン・ターゲティングといいます。黒田総裁は、日銀がそうした政策運営をすると宣言したのです。

図表1－7は、日本の物価の動きを示したものです。これを見てもわかるように、2000年から2012年くらいまでは日本の物価上昇率は総じてマイナスで推移していますが、これを2年の間に＋2％にまでもっていくというのが、黒田総裁が示した目標です。

その物価の指標として最もよく使われるのが、消費者物価指数です。消費者物価指数は、米や野菜、洋服からアパートの家賃、さらには電気料金のような公共料金から携帯電話の利用料金まで、さまざまなものやサービスの価格が、全体として平均的にどれほどの水準にあるのかを示したものです。あらゆるものに価格がありますから、値段が上がるものもあれば、下がるものもあります。それを平均して、全体としてどれくらいの数字になるのかを指数で見ていこうというものです。

指数というのは、基準の年をとって、その年と比べてどれほどの大きさになっているかを見る指標です。例えば、２０００年を基準の年とすると、２０１０年や２０１１年にはそれぞれ基準の２０００年と比べて物価が何倍になったのかを示します。見方としては、１００％＝１００を基準にします。

したがって、２０００年を基準として２０１０年の物価指数が仮に96であったとすると、２０００年から２０１０年の間に、日本の物価は４％下がって96になったと読み取ることができます。

変化をとらえるには〝率〟が大事――物価上昇率

消費者物価指数と並んでもう１つ重要なのが、この指数から導き出される物価上昇率です。これが経済にとってとりわけ重要なのは、多くの経済の変数は変化率というもので表されることが非常に多いからです。

例えば、ＧＤＰも変化率である成長率で、為替レートも過去1年に何％変化したかという変化率で表されますが、物価も物価指数ではなく変化率である物価上昇率で表されることが多くあります。

その物価上昇率という変化率は、ある期間の物価の変化の大きさを、元の物価の水準で割ることで求められます。例えば、２０１０年の物価指数が98で、２０１１年の物価指数が99であったとします。２０１０年から２０１１年にかけての物価上昇率は、99から98を引いた1(これが物価の変化の量）を98という数字で割った、０・０１０２０４という数字になります。つまり、この1年間に物価は1％超上昇したということになります。

このように変化の率を計算するのは、それによって数字が単位から独立するからです。物価の場合も、どこを基準にするかということや単位とは関係なく、そのときどきの物価の動きが出てくることで、変化の度合いを把握することができます。

例えば、私の体重が先週は65キロだったけれども、今日は67キロになったとします。2キロ体重が増えたとアメリカ人に言っても、アメリカでは体重はポンドで量りますから、数字の実感はつかみにくいでしょう。しかし、増えた2キロを65キロという元の体重で割ると、何％増えたという言い方になります。つまり、パーセンテージで表せるので単位から独立するのです。これならアメリカ人でも日本人でも、3%という数字をめぐって話ができます。

単位から数字を独立させるのは、ほかにも理由があります。かつて、ある著名な経済学者に、体の大きな方がいました。その人が、ついに体重が100キロを超えてしまったときにお会いしたのですが、彼はこう言いました。「伊藤君、ついにおれの体重も0・1トンになったよ」と。100キロでも非常に太くなったと感じますが、「トン」と言われると人間の体重を超えたという印象さえ受けます。だから、単位から独立させることの意味は大きいといえます。

物価を指数で議論することがないわけではありませんが、多くの場合、物価上昇率で議論します。それによって単位から独立した議論ができるだけではなく、さまざまな比較も可能になります。例えば日本の物価上昇率が1%、アメリカの物価上昇率は3%という数字をもって、日本とアメリカの物価の動きの違いを比較することも可能になります。

GDP全体をとらえる数字――GDPデフレータ

物価に関する指数には、ほかにもいくつか重要なものがあります。その1つが、GDPデフレータといわれている物価指数です。これは、GDPを構成するさまざまな経済的な活動から出てきた平均的な価格であり、消費者物価指数とは必ずしも一致しない動きを示します。

消費者物価指数の場合、消費者が買うものが中心になりますが、ＧＤＰの中には必ずしも消費者が買わない、海外に輸出する原材料や中間財のようなものが入っています。そのために、消費者物価指数とは違った動きをするわけです。名目ＧＤＰと実質ＧＤＰをつなげるかたちの物価指数として、非常に重要な役割を果たしています。

名目ＧＤＰから物価を抜いて計算したものが実質ＧＤＰとなることは、先に説明しました。それは名目ＧＤＰをＧＤＰデフレータで割ることによって求められます。これを逆にいうと、名目ＧＤＰを実質ＧＤＰで割ると、ＧＤＰデフレータになります。正確な言い方をすれば、政府がＧＤＰデフレータという物価指数を計算するときには、まず名目ＧＤＰと実質ＧＤＰを計測し、前者を後者で割ることでＧＤＰデフレータが計算されます。

国全体が生産したり消費したものがＧＤＰですから、消費者物価指数とは役割が違いますが、ＧＤＰと関係する物価指数であるととらえれば、理解しやすいかもしれません。

我々が経済を見るときには、名目のＧＤＰの動きを見るだけではなく、実質のＧＤＰについても常に注意することが重要です。名目と実質の両方を見ていくことが求められているのです。

最も怖い敵――インフレーション

物価は経済の状況を見る上できわめて重要な指標であるだけでなく、物価がどういう状況にあるのかということそれ自体が、生活や経済の動きに大きな影響を及ぼします。具体的にそれを見るために、2つの異なったケースを考えてみましょう。

1つは、ハイパーインフレーション（インフレ）と呼ばれる、非常に速いスピードで物価が上がっていくケースです。もう1つは、デフレーションともいわれている、物価が下がっていくケースです。それぞれについていろいろな国の例を引きながら、物価が上がったり下がったりすることの問題点について考えます。

多くの国が、1度や2度はハイパーインフレを経験したことがあるはずです。例えば日本は、第2次世界大戦に敗れた直後、財政は破綻状態となり、その中で急速に物価が上昇して、国民が持っていた政府の借用証書（国債）や貨幣はほとんど紙切れ同然になりました。ハイパーインフレになると、昨日10円だったものが、今日は20円と毎日のように物価が上がっていくわけですから、同じ貨幣の使い道がどんどん減っていき、貨幣の価値がどんどん下がっていきます。

膨大な借金を背負って戦争を終えた日本は、ハイパーインフレが起きることなく借金を棒引きにすることができなかったはずです。その意味では、ハイパーインフレは政府が合法的に借金を踏み倒すようなものだったと考えることもできるかもしれません。

一般的に財政が不健全な状態に陥り運営が難しくなったときに、物価が急速に上がるハイパーインフレが起こることは、過去に何度もありました。特に新興国、発展途上国でマクロ経済政策の運用を誤ると、深刻なハイパーインフレが起こります。

例えば、私の机の中には1兆ドルという紙幣が1枚入っています。このドルは米ドルではなく、ジンバブエのドルです。商社に入った私の教え子が出張のお土産にくれたものです。ジンバブエは政策の大きなつまずきの中で深刻なインフレになり、物価がうなぎ登りに上がっていきました。その教え子が現地で聞いてきたジョーク——意外に事実かもしれませんが——にこんなものがありました。

レストランに入ってビールを頼むなら、2杯注文しておいたほうがいいというのです。なぜならば、1杯だけ注文した後でもう1杯追加注文するとその間に値段が上がっているかもしれない、というわけです。

ことほどさように、物価が急速に上がっていくということは、経済の活動を大きくゆがめる結果になりかねません。インフレが非常に激しく起こると、預金や現金の価値がどんどん目減りしていくために、国民はそういうものからできるだけ逃れようとし、経済活動はゆがんでいくことになります。

10年以上前のことですが、ブラジルに出張した際、ある大学の先生のお宅に呼ばれて非常に印象的だったのは、冷蔵庫が何個もあったことです。なぜお宅にはこんなに冷蔵庫があるのかと尋ねると、これは少し前に起きたハイパーインフレの名残りだといいます。

もらった給料をそのままにしているとどんどん目減りしていくので、給料が出るとすぐに肉屋に行き、大量に肉を買って冷蔵庫で冷凍しておいたそうです。そうすれば物価が上昇しても困らないというわけです。まさにこれは、インフレ下での人々の防衛行動だったわけです。

このように、新興国や発展途上国では、ときに財政政策や金融政策のつまずきからコントロールできないような物価上昇が起こります。物価上昇が起こると、それが結果的に経済を非常にゆがんだ状況にするのです。

これほど極端な事態ではありませんが、日本も1970年代にはかなり激しいインフレを経験しています。先ほども少し触れましたが、73年に第1次石油ショックが起こり、石油の価格が急速に上昇しました。このとき、1年間で日本の消費者物価は23・2％上がったという記録が残っています。

ここで重要なのは、インフレというのはある意味でスパイラル的な自己増殖作用のようなものを持っているということです。

つまり物価が上がりはじめると、人々は物価上昇を織り込んで、賃金も上げようとする、企業は原材料が高くなるので最終製品の価格を上げようとする、というように物価上昇によってさらに物価が上昇するのではないかという予想をあおり、結果としていろいろなものの価格を引き上げていくという、コントロールが難しい悪性のインフレに陥るリスクが常にあります。

これをいかに抑えていくかということが、金融政策に携わる中央銀行にとって非常に重要なのですが、当時はインフレを抑えることはなかなか難しかったのです。

我々はそのただ中にいた――デフレーション

もう1つの重要な物価の動きに、デフレーション（デフレ）があります。デフレは、1930年代の世界大恐慌の時代には多くの国で起きた現象です。しかし、第2次世界大戦終了以降の60年以上の間、世界の主要国で深刻なデフレを経験したのは日本だけである、といっても過言ではありません。

深刻なデフレが日本を襲った2000年から2012年の間にどのようなことが起こったのかを検証することは、デフレの正体を理解する上でも意味のあることだと思います。

日本で起きたデフレの原因は、いろいろなものが考えられます。1つは1990年代に金融危機が起きたことで企業は大きな債務を抱え、金融機関は巨額な不良債権を抱え、経済自体も需要が非常に落ち込んでしまいました。要するに、景気が悪くなってしまったということです。ものが売れないために、次第に物価を下げていくなど、デフレの方向に向かったということもありました。

もう1つよくいわれているのが、このころから日本は本格的な少子高齢社会への移行という構造変化に直面していったということです。人々の将来に対する期待感が次第に失われ、将来に対する不安が増幅していくなかで、消費者はなるべくものを買わない生活防衛に入り、企業も積極的な投資を行うよりもできるだけ借金を返していこうという動きになり、これが需要を落ち込ませたともいわれています。

いずれにしても需要の低迷が結果的には物価を下げることにつながったのですが、デフレの現象を理解するときに非常に重要なのは、インフレと同じようにやはりスパイラル性を持っているということです。つまり、相乗効果でデフレが継続的に悪化したり、あるいは悪化しないまでも持続するということを理解することが重要です。

物価が下がっていくことで需要は落ち込みますが、それが最終的にはさらに需要を落ち込ませるような影響をもたらし、物価が下がるから賃金が下がる、賃金が下がっていくので人々の不安感をあおる、不安感があおられるためにますます消費や投資が落ち込む、それがさらに物価や賃金を下げていく、というように物価と賃金が相互に影響を及ぼしながら下落していく、という動きが出てきます。

金利という指標は、景気が悪くなると下がっていきます。あるいは景気が悪くなると、景気をよくするために金利を下げることを中央銀行は行おうとします。日本も２０００年代のデフレ下では金利はどんどん下がり、ついに日本銀行はゼロ金利政策といわれるような、短期の政策金利をゼロにまで落とす大胆な低金利政策をとりました。

こうして、日本全体として金利が非常に低かったわけですが、困ったことに金利がゼロに近づいていっても、物価が下がると実質金利はむしろ上がるという状況になるのです。

金利から物価上昇率を引いたものを実質金利といいます。住宅ローンなどは名目金利になります。１％の金利で住宅ローンを借りたとしても、もし住宅の価格が毎年２％ずつ下がっていったら、あまり家を買いたいとは思わないでしょう。なぜなら、金利は1%でも住宅価格は2%下がっているので、実質金利は3%になるからです。

それに対して、もし住宅ローンの金利が1%であっても、住宅価格が毎年2%ずつ上がっていく状況であれば、いま住宅は買い時だと思う人が増えるかもしれません。金利は1%でも住宅の価格が2%上がっていけば、実質金利はマイナス1%になるからです。

経済全体でも同じことが起きます。結局、日本がデフレで経験したことは、名目金利は非常に低くなったものの、物価が下がることによって実質金利は高止まりし、これが住宅投資や設備投資のような、本来であれば経済を刺激する投資を極度に抑え込んでしまったということです。これが、デフレから脱却することの難しさになります。

さらに物価を理解する上で特に重要なことは、政府の債務、つまり借金です。政府の債務は、いわゆる名目価値ということになります。つまり過去に積み上がった借金を返すための財源は税金なのですが、企業も個人も収入が増えるどころか減っていくデフレでは、税収は名目価値がどんどん減っていきます。政府の借金は景気に関係なく金額が決まっていて、それを返すための税収がデフレによってどんどん目減りしますから、政府の財政はますます厳しい状況に追い詰められていきます。

図表1－8　日本の政府債務の対GDP比値（1990〜2014年）

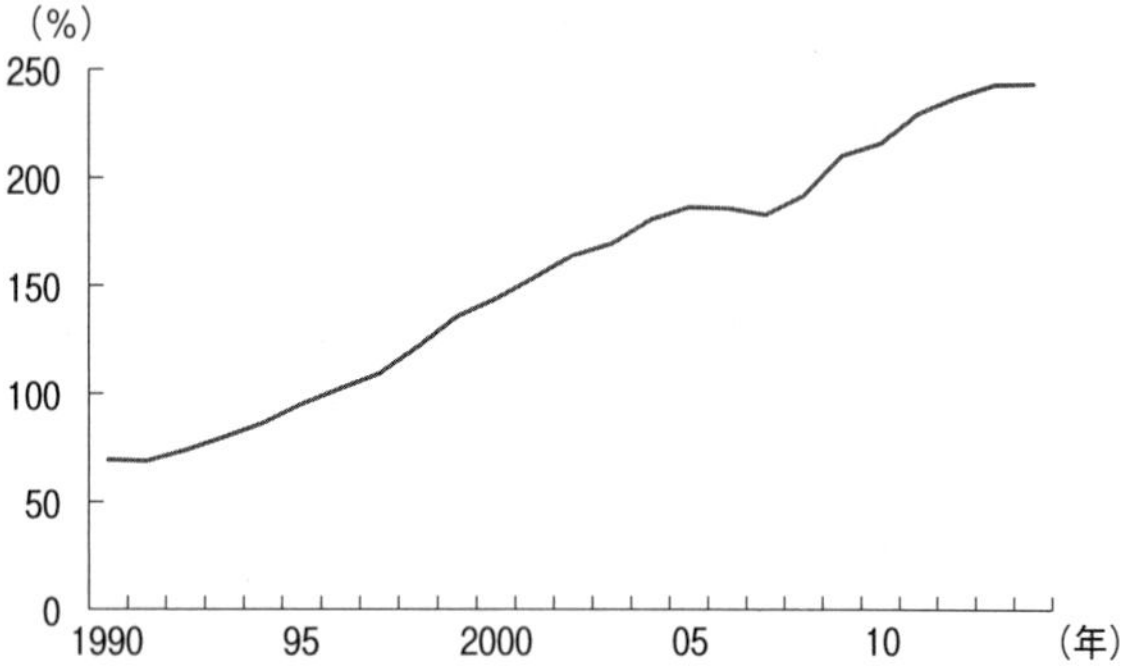

注：一般政府総債務の対GDP比値。2012年からは推計値
出所：IMF, World Economic Outlook, Database, April 2014

マーケットは、政府の債務の大きさを見るための指標の1つとして、政府の債務をGDPで割った数値で見ることが多くあります。日本の政府債務をGDPで割った数値が、過去20年でどう動いたかを図表1－8で示しました。

現在、政府債務の対GDP比値はおよそ240％で、世界の主要国の中で最悪であるといわれています。果たしてGDPの240％の債務を日本が本当に返しきれるのか、あるいは返しきれないなかで財政は大丈夫なのかということが多くの国民の不安になっています。このようにデフレは、政府債務の対GDP比を上げていくことで、政府にとって厳しい状況をつくり出すのです。

「実質」を見極める――名目錯覚

ハイパーインフレとデフレという２つの悪質なケースについて述べましたが、経済にとっては激しいインフレもデフレも好ましくなく、物価をほどほどの状態にしておくことの重要性が理解できたと思います。一般的には２％程度の穏やかな物価上昇、つまりインフレ率がそれほど高くならず、同時にゼロあるいはマイナスのようにデフレに近い状態ではないことが、通常の経済にとっては好ましいといわれています。

いまの日本も物価目標を２％に設定して、日本銀行は金融政策を行うと宣言しています。物価を安定的に２％程度の物価上昇率の間に何とかおさめていくことは、日本銀行のような中央銀行にとっては重要な政策の目標です。物価の安定が中央銀行の政策目標であり、そのためにいろいろな金融政策が行われているわけです。インフレーション・ターゲティングは、中央銀行が目に見えるかたちで物価目標を提示して、それを実現すべく政策を行うという約束を、市場あるいは政府に対して行うということです。

経済を見る上で、物価の動きを見ることがきわめて重要であることを強調する意味から、「名目錯覚」ということについて述べます。名目錯覚というのは、物価の動きにまどわされると、経済の本質を見誤ることになりかねないということをいましめたものの考え方です。

その例をいくつか紹介します。

いちばん重要なケースは、実質賃金と名目賃金の違いです。通常、賃金といっているのは名目賃金のことです。平均賃金として公表されるものや、企業から約束された賃金などが名目賃金になります。

一方の実質賃金は、賃金を物価で割ることによって算出されます。つまり、稼いだ賃金でどれだけものを買うことができるかというのが実質賃金です。名目賃金が上がっても物価がさらに上がっていれば、実質賃金は下がっていることになります。したがって、常に実質賃金がどうなるかを意識しなくてはいけないのですが、残念ながら現実の世界では実質賃金の重要性が忘れられることがしばしばあります。

1930年代のアメリカでは、大恐慌の影響で景気が極端に悪化し、失業率も25%という深刻な状況になりました。労働者の4人に1人が失業しているという事態です。これだけ経済が悪いのでデフレとなり、物価は下がり続けました。

物価が2%ずつ下がっている状況では、名目賃金が2%ずつ下がっていったとしても実質賃金は変わりません。つまり労働者や企業にとってみると、雇用条件は実態的には変わらないはずです。ところが、労働者も企業も賃金は名目で考える傾向が強くあります。これを名目錯覚といいます。

このときも組合は、物価が2％下がっていても、賃金を下げることには強い抵抗感を持ちました。企業も、物価が下がっているわけですからそれに合わせて賃金を下げればいいのですが、やはり名目賃金を下げることには逡巡してしまいます。結果的に、この時期の賃金はあまり下がらず、デフレの中で実質賃金はむしろ上がっていくという事態になりました。実質賃金が上がっていけば、企業の採用意欲、雇用意欲もさらに弱くなるわけで、これが失業率を上げていくという結果をもたらしました。

つまり、人々が名目錯覚を持ってしまったために、賃金が物価の動きに連動して動かず、それが結果的には雇用問題をさらに深刻にし、経済を悪い方向にしていったということです。現在の経済においても、名目と実質を混同していろいろな決定が行われ、それが経済をゆがめてしまっているという傾向が見られます。

名目と実質を区別することが重要なもう1つの例としては、名目金利と実質金利がありま す。住宅ローンの金利でも銀行預金の金利でも、我々の金利は名目価値で判断することが多いのですが、本当に重要な金利は名目金利から物価上昇率を引いた実質金利です。これに関しては、人々は意外に貨幣錯覚を持っていないということがいえます。

2000年からのデフレの中で、日本の金利は非常に低い状態でした。銀行や郵便局に預金をしたのでは低い金利しか得られません。低い金利だから銀行に預金してもしようがないと皆不満を言いながら、結果的には多くの人が銀行や郵便局の預貯金にお金を回しており、この時期、銀行預金は急速な勢いで増えていったのです。

しかし結果的に見ると、このデフレの時代に銀行預金に資産を振り分けたことは、非常に合理的な結果に終わりました。それは、金利はゼロに近いとしても、物価が仮に1%で下がっていくと、実質金利はプラス1%になります。

同じ額面を預金していても、価値が1%増えているので、実質金利が高いという意味ではあまり価格が上がることが期待できなかった株や不動産などの資産を持つよりも、預貯金で置いておいたほうが結果的にはリターンが高かったということです。国民は、実質金利で預貯金の行動を判断していたということでしょう。

4　雇用は経済の体温計

働きたいのに職がない――失業率

図表１－９　完全失業率の推移（2000年～2014年３月）

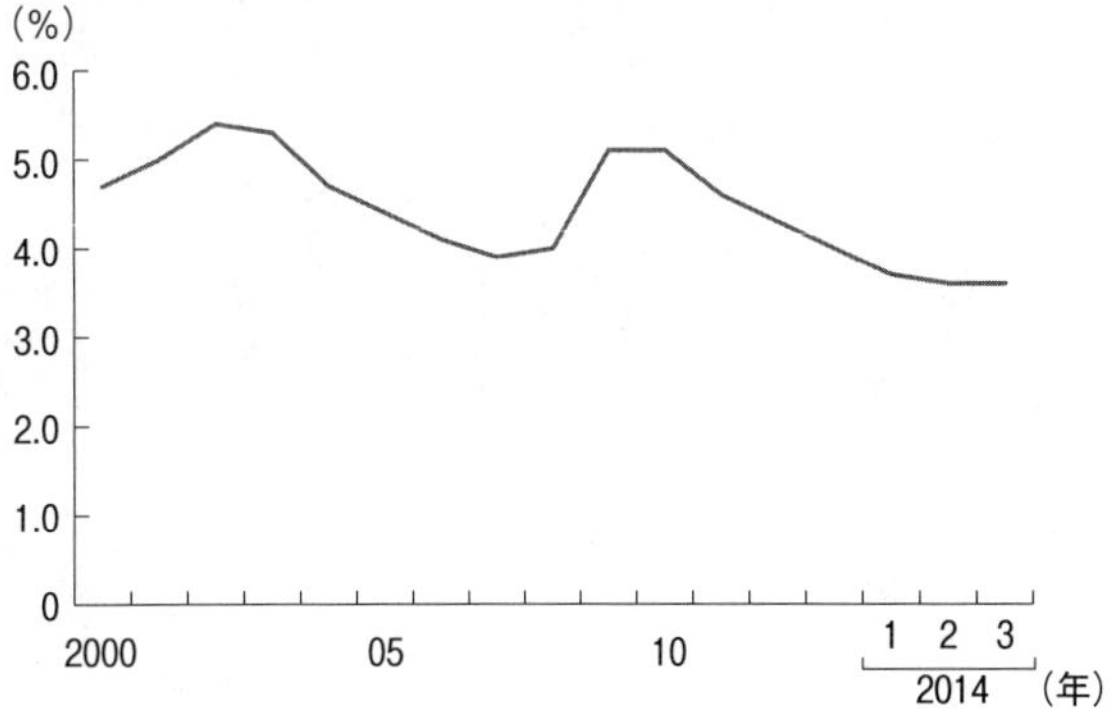

注：2011年は推計値
出所：総務省統計局

マクロの経済を見るときに非常に重要な指標が、失業率や有効求人倍率といった雇用にかかわる数字です。経済は生きものですから景気は常に変動し、それが人々の生活に大きな影響を及ぼします。その中でもいちばん重要で、多くの専門家が注目するのが、雇用の実態です。

雇用の実態に関して最もよく使われ、しばしば耳にする数字が失業率です。図表１－９は、最近10年ほどの失業率の推移を示したものです。２００９年には５・５％という非常に高いレベルだったものが、２０１４年には４％を切るところまで失業率が下がっていることが読み取れます。

失業率というのは、働きたいという意思を

持っている人たち（これを労働者と呼ぶ）の中で、実際に仕事が得られない、失業状態にある人の割合を指します。失業率が4％であるということは、100人働きたいと思っている人がいたら、そのうち4人は仕事が得られない状態にあるということです。

失業率の数字を見れば、その国の経済状況がどのくらい悪いのか、それが人々の生活にどれほど影響を及ぼしているかがわかります。国によって失業率には相当に大きな違いがあることも、理解する必要があります。

日本は失業率が4％という状況にあるといいましたが、まだ財政危機の影響を引きずっているヨーロッパのギリシャやスペインでは25％を超えており、状況は相当悪いといえます。つまり、経済や雇用の状況がどれだけいいのか悪いのかを国の間で比較するためにも、この失業率の数字を用いるとわかりやすい示唆が得られます。

失業率とは裏腹の関係——有効求人倍率

もう1つ、雇用に関してよく使われる指標に、有効求人倍率があります。これも失業率と同じように、ここ10年ほどの動きをグラフに示しました（図表1－10）。有効求人倍率は、失業率と同じような動きをするもので、仕事をしたいと思っている人（労働者）1人に対し

図表1－10　有効求人倍率の動き（2000年～2014年3月）

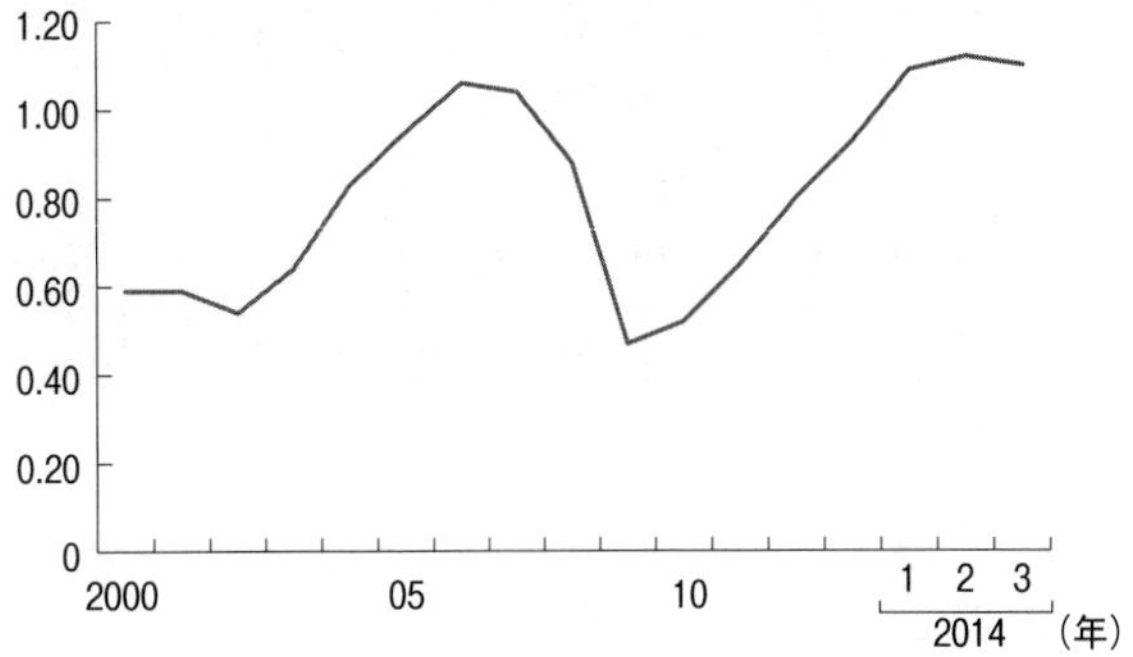

注：新規学卒者を除きパートタイムを含む
出所：厚生労働省「一般職業紹介状況」

て、仕事のオファーがいくつあるかという数字です。

例えば、２００９年ごろ、日本の有効求人倍率は０・５前後であったことが図表1－10から読み取れます。これは働きたいと思っている人２人に対して１つの求人しかないということで、きわめて悪い雇用状況を表しています。２０１４年の時点では、日本全体の平均的な有効求人倍率はようやく１・０を超えるところまで上昇してきましたが、これは働きたいと思っている人の数に対して、仕事の数がそれを超える状態になってきていることを表しています。

失業率と有効求人倍率はしばしば同じような目的で使われますが、統計の性質としてはかなり違ったものを持っています。失業率はアンケート調査をして、その人に働く意思があるかないかを確認し、その上で実際に仕事をしているのか、あるいは仕事が得られない状態でいるのかを聞き取り調査することによって、失業の割合を推計した数字です。

これに対して有効求人倍率は、ハローワークに何人の人が仕事を求めてやってきているのか、そして実際どれだけの求人があるのかを比較することによって、雇用状況を知ろうというものです。労働の専門家たちは、この2つの数字の性格の違いを把握しながら、より緊密な分析をしています。

失業率や有効求人倍率に象徴されるように、経済の実態を知るためのデータはいろいろなルートから確保できます。それらのデータは、新聞などにも出てくるので、なれ親しんでおくことが重要になります。

失業率も有効求人倍率も景気の状況に敏感に反応するものであり、一般的に景気がよくなれば失業率は低くなり、有効求人倍率は高くなります。逆に景気が悪くなれば、失業率が高くなって有効求人倍率は低くなるものです。こうした数字を見ながら足もとの景気を判断することは、政策担当者にとってきわめて重要な意味を持ちます。

経済にとって〝ほどほど〟の状態──フィリップス・カーブ

マクロ経済的な見方をする場合、失業率と物価上昇率、あるいは賃金上昇率の間には重要な関係があるといわれています。これは一般的にはフィリップス・カーブと呼ばれるもので、そのイメージは次ページの図表1－11のようなものです。

失業率が高くなればなるほど、物価上昇率は低くなり、場合によっては物価が下落するということにもなります。また逆に、失業率が低くなるほど物価や賃金の上昇率が高くなる傾向があります。こうした現象がフィリップス・カーブと呼ばれるもので、学問的にはいろいろな議論があるものの、一般的にはこうした右下がりの関係が存在することを頭に入れておくことは有効です。

これが持っているメッセージは明瞭で、失業率は低ければ低いほどよいということではないということです。失業率が非常に低いということは、仕事がしたくても仕事がないのではなく、失業者の数が少なくなるということなので、いいことのように見えます。しかしそれは、裏を返せばそれだけ労働市場で人手不足が厳しくなっており、経済が過熱状態にあることを意味しています。それがフィリップス・カーブの上では、物価や賃金が必要以上に速いスピードで上昇していくという現象になって現れるのです。

図表1－11　フィリップスカーブ

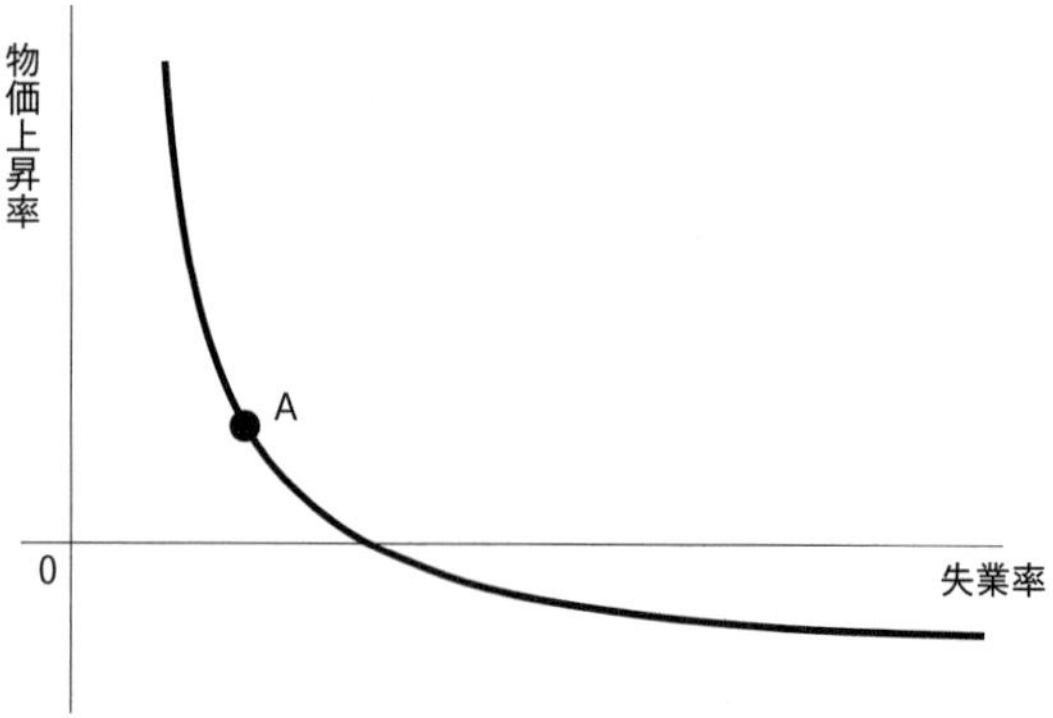

もちろん経済全体の好ましさ、あるいは望ましい状況という観点から見た場合、失業率は高くないほうが好ましいのですが、同時に物価や賃金の上昇率も高くなりすぎないことが望ましいので、ほどほどの失業率とほどほどの物価上昇率あるいは賃金上昇率の状態を、経済が選択できることが望ましい状況だと想定されるのです。

図表1－11に描かれたフィリップス・カーブには、1つの目安としてほどほどの失業率、ほどほどの物価上昇率が組み合わされたところを、点Aとして例示してあります。マクロ経済政策の重要な課題は、経済がこうした好ましい失業率あるいは物価上昇率のところに落ち着いていくことを実現することにあるといわれています。

ちなみに、こうした高すぎず低すぎず好ましい状態にある失業率のことを、専門家は自然失業率という言い方をすることもあります。

5　実質実効為替レートで円の実力がわかる

円ドルだけが為替レートではない

鳥の目であるマクロ経済のものの見方を、もう少しグローバルに広げていきたいと思います。そのための前提として、為替レートをしっかり理解することが重要になります。

為替レートといえば、1ドル100円などという数字を思い起こす人が多いでしょう。これは円とドルの間の為替レートで、現実の世界では円とユーロ、円と人民元、円とポンドなど、さまざまな為替レートが存在します。つまり、為替レートとは、2つの通貨の間の交換比率のことなのです。この為替レートから経済を見る場合、為替レート全体の動きをとらえることが重要であることを指摘したいと思います。

ところが、日本ではこれが意外に難しい面があります。というのも、現実のマクロ経済の議論をするときには、円ドルレートが使われることが非常に多いからです。円ドルレートは、我々に非常になじみが深いのでわかりやすいのだと思いますが、実はこれもたくさんある為替レートの1つなのです。

しかし、これを為替の話をする際にメインにもってくるのは、理由がないわけではありません。それは、アメリカの経済規模が非常に大きく、また日本にとってアメリカは最大の経済の相手国だからです。したがって、日本にとって為替レートは、円ドルレートのウェートが非常に大きかったということです。

また、少し前まで中国や韓国をはじめとする新興国を中心に、自国の通貨をドルに固定するような動きがありました。したがって、円ドルレートが円高に動いたときには、円はドルに対して高くなるだけではなく、中国の人民元に対しても、韓国のウォンに対しても、あるいはタイのバーツに対しても高くなるという傾向が強かったのです。そのため、円ドルレートの動きを追うだけで、円の為替レート全体の動きを見ることができました。

こうした傾向はいまでも残っているため、テレビのニュースでも新聞の見出しでも円ドルレートが最も頻繁に出てきます。こうしたことをしっかり認識して、世の中の議論を見ることが大事です。

為替レートを読む最強ツール――実質実効為替レート

図表１－12　円ドル為替レートと実質実効為替レート
（1980年～2014年3月）

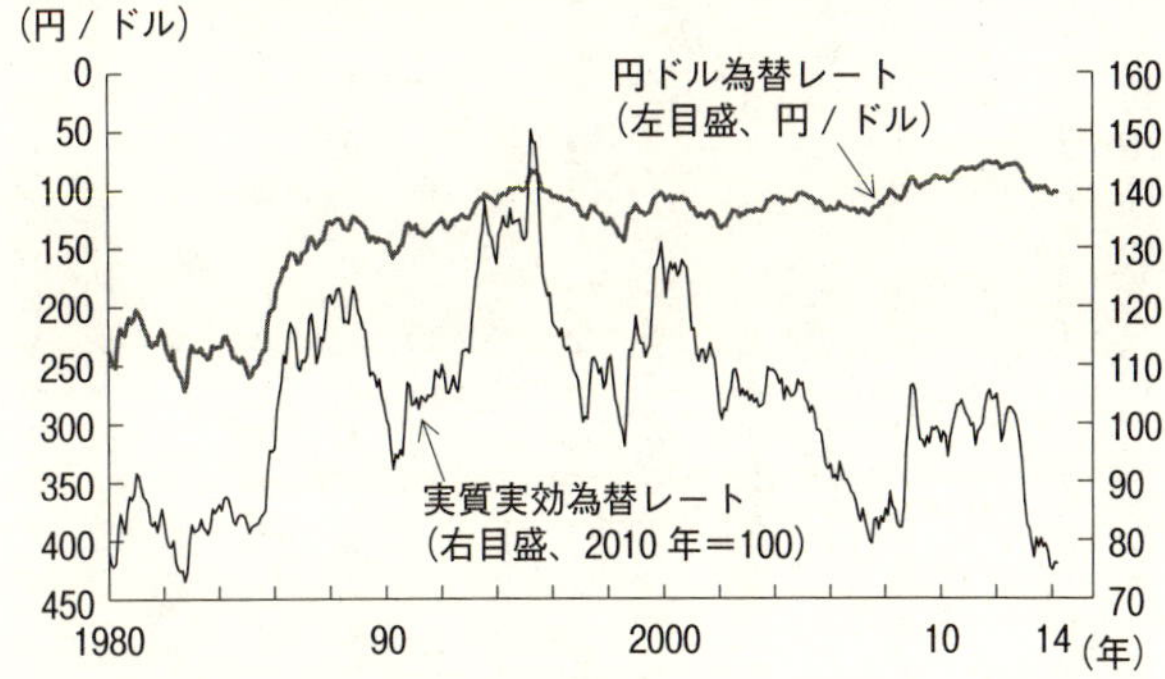

出所：日本銀行 「時系列統計データ・為替」

　しかし、本書の目的である経済を深く読む力を持つために、ぜひ皆さんに知ってほしいのは、円という通貨の最も適切な為替レートとしては、「実質実効為替レート」を見るべきであるということです。図表1－12に、円ドルレートと円の実質実効為替レートの過去30年ほどの動きを示しました。これを見てわかることは、両者は必ずしも同じような動きをしていない面があることです。

　実質実効為替レートの〝実質〟の部分は、各国の物価の動きを調整した指標ということです。そして〝実効〟の部分は、いろいろな通貨の為替レートの平均値をとることを意味しています。つまり、円にかかわる為替レートにはドルもユーロも、あるいはポンドも人民元もあり、それぞれ違った動きを見せているわけですが、全体的に平均して見たらどういう動きになるかを計算したのが実効レートなのです。

もちろん日本にとっては、貿易や投資の金額が大きい中国やアメリカの動きは、日本との貿易額がそれほど大きくない国に比べて重要性が大きいので、国の大きさ、貿易の大きさなども勘案して、日本にとってより影響力が大きい国の為替の変動がより大きく反映されるというようにとらえています。

つまり、実質実効為替レートとは、いろいろな通貨に対しての円の平均的な動きを、物価の動きを考慮に入れながら見たレートということです。したがって、実質実効為替レートを見ることとは、いま実際に円がトータルで円高に向かっているか円安に向かっているか、あるいは10年前に比べてどれだけ円高なのか円安なのかということを見る上で非常に重要です。

図表に示した実質実効為替レートは、消費者物価指数と同じように指数のかたちをとっています。つまり、ある基準の年を選んでそこを１００とし、それに対してどの程度高くなっているか低くなっているかということで表されています。これを見ると、２０１４年冒頭の時期は、過去の歴史の中でも相当程度円安に振れていることがわかります。

実質実効為替レートで見ることと、日々新聞やテレビで報道されている円ドルレートで見ることの違いを理解しておくことは、とても大事です。それを具体的に知ってもらうために、図表1－12を掲げました。

この図表からは、いくつかのことがわかります。象徴的なのは、円ドルレートは1995年に1ドル80円を切る超円高になりました。しかし、2008年のリーマンショックの後、それと同じような円高に円ドルレートがなったことがあります。当時、リーマンショック後に80円を切るような円高になったということで、日本は有史以来の、あるいは1995年にほぼ匹敵するような超円高になったと大騒ぎしたことを記憶している人も多いでしょう。実際、1995年と2008年ごろの1ドル80円という円ドルレートの値は、歴史の中でもきわめて高い水準であることがわかります。

ところが、同じグラフに描いてある実質実効為替レートを見ると、1995年の実質実効為替レートで見た円レートは、たしかに歴史始まって以来いまだに経験したことがないような非常に高い水準の円高であることを示していますが、2008年の実質実効為替レートの水準はこれに比べるとはるかに円安であると読み取れます。

1995年と2008年は同じ1ドル80円前後という極端な円高であったにもかかわらず、なぜ実質実効為替レートで見た場合、2008年はそれほど円高ではないのでしょうか。その疑問こそが、為替レートを見るときに、実質実効為替レートで見ることが重要であるということの意味を示しているのです。

要約すると、1995年から2008年の間に起こったことは、次のようなことだといえます。この間、日本経済は長期のデフレを経験しています。つまり、毎年日本の物価は少しずつ下がっていきました。一方、アメリカでは、この間も穏やかな物価上昇を継続していました。したがって、この13年をまとめてみると、日本とアメリカの物価の差は約40%も開いてしまったということになるのです。

これを言い換えると、日本のものやサービスは、アメリカに比べてこの13年間でおよそ4割安くなっていたのです。4割物価が安くなったということは、100円の価値が1・4倍になったことを意味しますから、同じ1ドルが80円になったといっても、実質の交換比率では決して円高ではなく、なお円安だという見方もできます。このようにそれぞれの国の物価の動きを加味して見なければ、本当の意味でのその時点における為替レートを見ることは難しいのです。

ちなみに、1995年から2008年の間にアメリカの物価が日本に比べて40%高くなったことを考慮に入れて、もし2008年に1995年に経験したものと同じくらいの円高を実質的に経験するとすれば、80円を1・4で割った60円前後ということになります。つまり1ドル60円を超えるような円高になったときに、はじめて2008年は1995年と同じくらいまで円高になったといえるのです。

リーマンショック後に1ドル80円という円ドルレートの経験をして、日本の産業界は耐えがたい急激な円高であると大騒ぎをしましたが、実は実質実効為替レートで見ると、それほどの円高ではなかったということがわかります。

なぜ2014年と1984年の実質実効為替レートが同じなのか

実質実効為替レートを見ることの重要性は、ほかの例からも指摘できます。2014年2月、この原稿を執筆している時点の円レートの実質実効為替レートは、過去30年の間の実質実効為替レートの中でも、際立って円安の状態にあることがわかります。比較対照でいえば、1984年末から85年の初めあたりの実質実効為替レートとほぼ同じ数字であることが、グラフから読み取ることができます。

ちなみに1985年の初めというのは、その後のいわゆるプラザ合意によってもたらされた急速な為替変動の直前の時期に当たり、円ドルレートでおよそ240円の水準でした。つまり、円ドルレートで見て240円だった1985年の初めの円レートと、円ドルレートで100円そこそこの2014年の円ドルレートというのは、実質実効為替レートで見れば、ほぼ同じ水準であると読み取ることができるのです。これは、実質実効為替レートを見なければ、なかなかわからないことです。

しかし、日本の為替レートを考える上では非常に重要な意味があります。その1つは、2014年現在の日本は、それだけ為替レートが円安であるということです。円安であるということが、結果的に日本の輸出企業にきわめて好都合な経済環境を与えているだけではなく、海外から大量に輸入せざるを得ないような食料品やエネルギーのコストが非常に高くなっているということを意味しています。

なぜ240円だった1985年の初めと、100円の2014年の実質実効為替レートが同じだといえるのでしょう。その背景には、2つの重要なポイントがあります。1つは、円ドルレート以外のアジアの通貨やヨーロッパの通貨の変化、もう1つは、この十数年間、日本は一貫したデフレで物価が下がっていたことであり、これらの事柄の意味を考える必要があるのです。

さて、この実質実効為替レートから、今後の為替レートを予測してみましょう。これまでの動きから考えられる最も高い円ドルレートは、おそらく１ドル60円前後でしょう。いまは100円前後の円ドルレートで動いていますが、これが過去30年では最も円安の状態です。今後少し時間がたつと、円ドルレートは過去の最高値と最低値の中間点あたりにくるだろうという仮説を立てると、１ドル80円という数字が出てきます。近い将来、円ドルレートは、ふたたび１ドル80円の方向にいくと指摘するシンクタンクの研究者もいますが、あながち極論ではないといえそうです。

為替はマーケットで動く

さて、為替レートについてもう少しマクロ的な視点で、それが経済に及ぼす影響について考えてみましょう。まず大切なことは、為替は市場で決まる存在であるために、さまざまな経済の変化や思惑、あるいは中央銀行の政策によって激しく変動するものであるということです。

為替が日々大きく変動することは新聞やテレビの報道を少し注意深く追っていればわかることですが、３年、５年の為替の動きを見ると、例えば円ドルレートで20円から30円と大きく変動することは普通にあることですし、１週間の間にも２円、３円と変動することもしばしばです。

このようなことが起こるのは、為替は株や金といった他の金融資産や実物資産と同じように、いわゆる投資の対象として非常に重要な意味を持っているからです。

例えば日本人がアメリカの株を買うことは、単に株を買うということだけではなく、ドルを買うという意味もあります。アメリカの株を買った投資家から見ると、株が上がっても利益が得られますが、為替レートがドル高になっても利益が得られることになります。したがって、投資家は為替がどういう方向に動くかに対して、きわめて敏感にならざるを得ないということになります。

これは、投資家が株価の動きや金の価格に敏感であるのとまったく同じことです。このように投資家が為替の動きに敏感になるということは、投資家の思惑によって為替が動き、為替が動くことによって投資家の思惑も変わってくるという、典型的な資産市場としての性格を為替市場も持っているということです。

これは少々矛盾した言い方になりますが、為替の先行きの動きを予想することは不可能であるという経済学の原理があり、それを理解することは、為替の実態を知るうえできわめて重要なことなのです。

例えば、私が長年為替レートの動きをデータの上で見ていて、ある程度為替の予想ができるとします。もちろん、百発百中である必要はありません。仮に１００回のうち55回、ドル高になるという予想が立ったとします。

もしそういう予想があるとして、私はどうすべきかといえば、いまもっている円の資産をドルに替えて、予想どおりにドル高になるのをじっと待てばいいわけです。１００円で買ったものが１２０円で売れるので、大きな利益が得られます。もちろん１００回のうち１００回当たるとは限りませんから、全部の資産の円をドルに替える必要はないかもしれません。

この議論のどこにインチキがあるのかというと、もし私がコンピュータの上で分析してこれからドル高にいくという予想ができたとすれば、世界中の専門家の多くがそれに気づくはずです。投資銀行のプロも気づくかもしれないし、ヘッジファンドの経営者も気づくかもしれない、あるいは同業の経済学者も気づくかもしれません。

もしみんながこれからドル高の方向にいくと予想するのであれば、みんながいま円をドルに替えるということに走るわけで、そうすると本来予想では半年後にドル高になるはずだったのが、いま予想したこの瞬間にいっぺんにドルが跳ね上がってしまうことになります。こんなことを私がここでわざわざ言わなくても、日経新聞には為替の相場は予想を織り込み済みであると書いてあります。まさに為替の相場も株の相場と同じように、人々の予想をすべて吸い込んで動いているのです。

これは株でも同じことが起こっていて、朝、日経新聞を開いたら某社が画期的な発明をしたと書いてあったとします。その記事を見て某社の株を買うという人は、株がわかっていない人だと考えていいでしょう。日本中の人がその記事を見ているわけですから、すでに某社のその瞬間の株価はそれを織り込み済みなのです。

為替も同じように人々の予想をすべて織り込んでいくわけですから、自分は将来の為替の動きを予想できるとうそぶいている人がいたら、自分は大変な天才で自分以外の人が気づかない為替の予想ができると思っている人です。本当に天才であればいいのですが、たいていは愚か者か、あるいは経済学の中身がまったくわかっておらず為替を予想できると思っている人でしょう。いずれにしても、為替は予想できないということが為替レートを理解する上で非常に重要なポイントで、その背後には多くの人が思惑の中で為替を売り買いしているということがあります。

このように為替はマーケットの中で多くの投資家が思惑で売買するために、非常に大きく変動することになります。これが、ときには為替レートの独特な動きにつながることがあります。

美人投票の考え方

20世紀の偉大な経済学者ジョン・メイナード・ケインズは、こうした現象を「美人投票」と呼びました。「美人投票」とは、壇上に美人とされている女性何人かに番号を付けて並んでもらい、見物人が美人と思われる人に投票するというゲームです。いちばん票が集まった女性が美人だと判断されるのですが、重要なのは、いちばん票が集まった女性に投票した人に勝者として賞金が与えられるという点です。

つまり、ゲームの参加者は、自分が美人だと思う人に投票するよりも、みんなが美人だと思うだろう人に投票したほうがいいことになります。これをさらに深読みすると、みんなが美人だと思って投票するだろうとみんなが思うだろう人に投票するということが、ゲームの勝利につながるかもしれません。

実は真剣に日々こういうゲームを繰り返しているのが、外国為替市場を含むマーケットなのです。つまり、多くの人が円高にいくと思えば実際に円高にいき、円安にいくと思えば円安にいくわけですから、そういう思惑の中で為替の動向を読んでいるのです。

ときとして、こうした美人投票的な性格が非常に強くなり、多くの人が注目する現象が為替を動かすことがあります。

20年ほど前の話ですが、急速な円高になったときにある評論家が、日本の貿易収支が黒字の間は円高が続くに違いないということを非常に説得力を持って論じたことがありました。一般的な経済学の議論では、これはあまり正しくはないのですが、この評論家が書いたものは非常に説得力があったために、貿易収支の黒字が続くと円高になると多くの人が思い、そうすると貿易収支の黒字が増えると円高になってしまい、そうなるとその理論は正しくないと思っている人も、貿易収支が黒字のときは円高に張ったほうが得になるということで、この時期、為替市場は貿易収支相場という様相を呈したのです。

このように、時期によって美人の中身が変わることがあります。例えば、中東の危機やウクライナの内戦のようなことが起こると、「有事のドル」といわれてドル高になるということが起こります。

また、金利相場のような動きもよく見られます。いまはアメリカの金利のほうが日本の金利よりも高いので、低い金利の日本から高い金利のアメリカに、つまり円からドルに資金が移るだろうと考える人が多く、ドル高円安に動くと思う人が増えます。そう思う人が増えれば、実際の金利の動きが為替に影響を及ぼしていく金利相場がしばらく続くことになります。円ドルの為替相場は、2014年の時点でかなり金利相場に近い状況であるといっていいのかもしれません。しかし、これもまたいつまで続くのかはあやしい話です。為替はそのようなかたちで、その時点のマーケットでみんなが考えていること、つまり誰が美人であるかという思惑の中で大きく振り回されることが特徴です。

企業にとっての為替レート

このように市場でかなり乱暴に激しく動きながら決まる為替レートですが、現実の経済に大変大きな影響を及ぼす存在であることも事実です。例えば、海外と積極的に貿易をしている企業は、為替レートが1円円高になったり円安になったりすると、それだけで大変大きな影響を受けるといわれています。

自動車産業のような企業にとってみると、海外での売上はドルやユーロという外貨建てで利益が挙がるわけですから、円安になればなるほど海外で稼いだドルやユーロの円建ての価値が上がっていきます。例えば1万ドルの車を海外で売れば、1ドル100円だと100万円ですが、1ドル120円だったら120万円の収入になります。

トヨタ自動車のような大手の自動車メーカーは、為替が1円円安にシフトすると利益が数百億円増えるといったことがよくいわれますが、実際、為替は企業の利益にかなり大きな影響を及ぼします。一般的に、海外にものを売っている企業にとっては、円高は非常にうとましい動きだといえます。

そして、海外からものや原料を輸入している企業にとっては逆のことになります。例えば電力会社は、天然ガスや石油を輸入して日本の国内で燃やして電力をつくっているので、これらの企業にとっては円安になればなるほど石油や天然ガスを輸入するためのコストが増えてしまって経営を圧迫することになります。これは電力会社だけでなく、食品メーカーでも同じです。海外から大豆やトウモロコシ、牛肉など、いろいろなものを輸入する企業にとっても、円安になればなるほど調達コストが高くなって非常に厳しくなるということです。

したがって、円高がいいのか円安がいいのかは、その企業が輸出企業であるか輸入企業であるか、あるいは製造業であるかサービス業であるか等々、いろいろな状況によって変わってくるのですが、個々の企業に非常に大きな影響を及ぼすということでは、やはり重要な意味を持っていると思います。

それだけではありません。例えば、観光でうるおっている地域にも、為替は非常に重要な影響を及ぼします。いまこの原稿を書いている時点では、海外から日本にやってくる観光客は非常に増えていて、多くの観光地がうるおっている状況です。

観光客が増えている理由の１つは、日本に観光に来ようと考えている海外の人から見ると、このところ続いている円安によって、日本に来るコストが非常に安くなっているという面があるからです。日本のホテルや旅館に泊まる場合も、円安であればあるほど、ドルやユーロなど海外の通貨でお金を払う人から見ると安く見えます。

観光はこれからも日本の経済を考える上で非常に重要な産業の１つですが、こういうものも為替レートの影響を受けるのです。

6　貿易赤字は悪いことなのか

黒字から赤字に転じた日本

図表１－13に、過去約30年の貿易収支と経常収支の動きを示しました。これを見て、まず指摘したいのは、日本は貿易収支で見ても経常収支で見ても、ずっと黒字が続いてきたということです。

図表１－13　日本の貿易収支と経常収支の動き（1985～2013年）

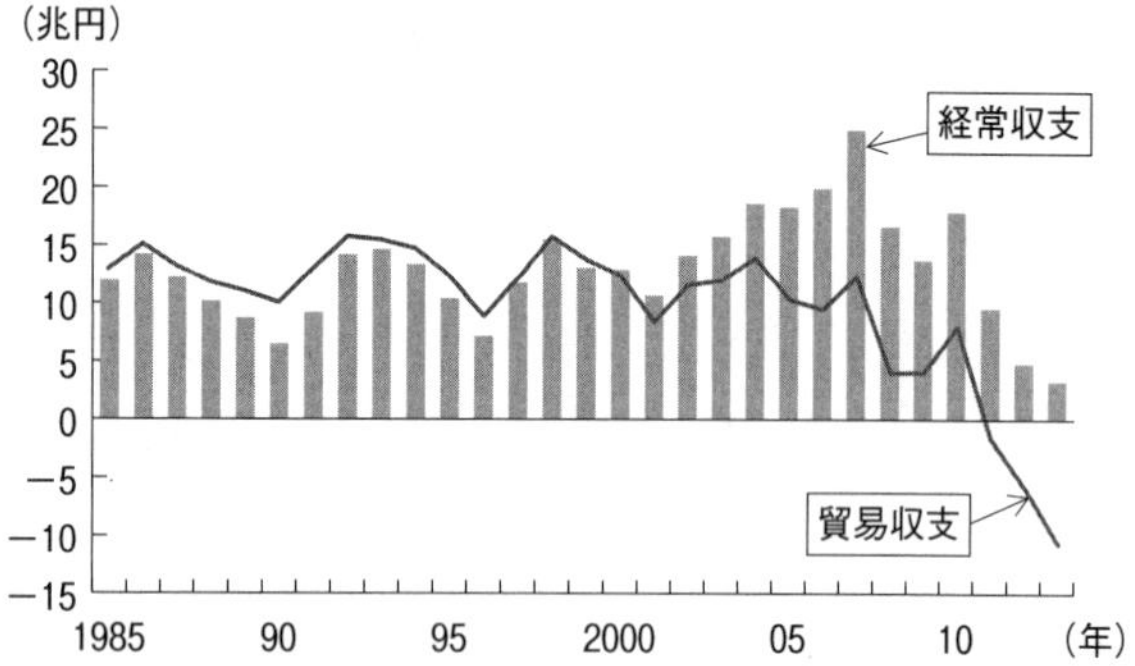

出所：日本銀行「国際収支統計」

貿易収支は、輸出から輸入を引いたものです。１年間の輸出額の総額が輸入額の総額を上回っていればば貿易収支は黒字で、輸入額のほうが輸出額よりも多ければ貿易収支は赤字ということになります。一方の経常収支はものの貿易以外に、例えばサービスの貿易の輸出と輸入の差、海外で稼いだ投資資金やその利子等の授受などを調整した、より広い意味での貿易やサービスの収支を表したものです。これも貿易収支と同じように、日本は長いこと黒字が続いてきました。

いま非常に話題になっているのは、長期的に黒字が続いてきた貿易収支が２０１１年の福島第一原発の大事故以来、急速に赤字に転落していることです。貿易収支が赤字に転落したために、ついに経常収支も２０１４年の初めには赤字になってきました。

この貿易収支や経常収支の赤字が今後も続くと考えるべきなのか、それとも一時的な現象なのかが、多くの人々によって議論されるようになっています。

一般的には、貿易収支の黒字はいいことで、赤字は悪いことだという人が多いかもしれませんが、これは必ずしもそうではありません。もちろん赤字がいいという意味ではありませんが、黒字が多ければいいというものでもないということです。

一般的には貿易収支にしても経常収支にしても、結果だけでいい悪いと判断するのではなく、そのような黒字や赤字の背景にどういう経済現象があるのかをしっかり見極めることが重要です。２０１４年の現時点のように、急激に貿易収支や経常収支の赤字が起きているとすれば、その背後には日本経済にとって非常に深刻な大きなゆがみがあることを示唆しています。

貿易収支が大幅な赤字になっている最大の理由は、日本中の原子力発電所がすべて停止し、その対応策として、天然ガスや石油を燃やして発電する火力発電所を古いものを含めて一斉に動かしはじめたからです。日本は石油や天然ガスの大半を海外からの輸入に頼らざるを得ないので、３兆円を超える輸入を余儀なくされているといわれています。これが結果的には、日本の貿易収支を大幅に赤字にしているのです。

トレンドを読む難しさ

今後も貿易収支や経常収支の赤字がずっと続くのかどうかは、いまの段階ではなかなか判断が難しいということを申し上げておきます。

まず、いまは石油や天然ガスを緊急に輸入しなければならず、それが結果的に貿易収支の赤字という結果になっているのですが、今後もこの状態がずっと続くかについては、いろいろな不確定性があります。

仮に原子力発電所を一部再稼働すれば、その分だけ石油や天然ガスの輸入量を減らすことができます。あるいは、仮に原子力発電所の再稼働ができない場合でも、より効率的なかたちで発電したり、電力の消費を抑えることによって輸入を減らすことが可能になるかもしれません。

一般論としては、貿易収支や経常収支、特に経常収支の黒字があればあるほど、海外に対する投資を積み上げているということになります。

「経常収支が黒字」というのは、ものやサービスを海外に売った金額のほうが海外から買った金額よりも多いというわけで、それだけ日本に資金がたまります。その資金が海外の投資に向かうので、経常収支が黒字である限り、日本は海外に対しての資産を増やしている状況にあります。

これまで何十年かの日本はそういう状況にあり、例えば海外の株を買う、海外の不動産を買う、あるいは海外の債権を買うということを日本の金融界や産業界は行ってきたわけです。これは、日本の富の蓄積になっています。

いま多くの人が日本の経常収支が赤字になっていることに非常に懸念を持っているのは、貿易収支、経常収支で赤字が続くことで、日本が海外に対して持つ富が縮小するからです。これが一時的な現象であればあまり問題はないわけですが、長く続くようならば、日本の将来は非常に不安であるということになってきます。いずれにしても、貿易収支や経常収支の動きについては、今後も目を離せません。

以上のように、経済はいくつかの重要な指標を見ることによって理解が深まります。これまで説明してきたＧＤＰや金利、為替という指標についての理解や知識を持っていないと、マクロ経済を理解することはなかなか難しいと思います。ぜひ、これまで説明してきた経済指標について理解を深めていただくと同時に、日々の動きについても関心を持っていただきたいと思います。

7　鳥の目を養う

マネーをコントロールする日本銀行

ここまで紹介した6つの道具のほかにも、マクロ経済を見る重要なポイントはあります。1つは、政府と中央銀行が何をしているのかに関心を持つことです。

もちろん、経済の動きを決めるいちばん大きなプレーヤーは民間経済であり、企業や消費者が消費や投資をどのように行うかが最も重要であることは、いうまでもありません。しかし、その中でも政府や中央銀行は日々いろいろなかたちで、経済をより好ましい方向へもっていこうとしてさまざまな政策を行っています。

その政策の動きを見ることが、マクロ経済全体の流れを理解する上で非常に重要です。

まず日本銀行です。日本銀行は日本の金融政策の要となる存在で、日本銀行がやっていることを理解することが、金融やマクロ経済を見る上で重要です。日本銀行が行うのは、金融政策です。金融政策にはいろいろな手法や手段がありますが、主に2つのものに注目する必要があります。その1つが金利です。

金利や利子には、住宅ローンの金利もあれば、国債利回りの金利もありますが、中央銀行が政策としてコントロールする金利は、いわゆるコールレートとか短期金利といわれている、非常に期間の短いなかで金融機関の間で頻繁に行われる金融取引のための金利です。

これはマーケットに大量の資金を出したり、マーケットから大量の資金を吸収できる日本銀行から見ると、非常にコントロールしやすい変数です。この短期金利――ときには政策金利ともいいます――を調整することによって、経済の状況を好ましい方向へもっていくのが、中央銀行による金融政策の基本になります。

景気が悪いときには政策金利を下げ、資金をマーケットにたくさん供給することによって、経済を刺激します。逆に経済が過熱して冷却する必要があるときには、政策金利を上昇させて経済を安定化させようとします。

中央銀行が政策対象とする金利はごく短期の資金の金利ですが、ほかの市場の金利、例えば我々が住宅ローンを借りるときの住宅ローンの金利や企業に銀行が融資するときの金利、あるいは長期の債券の金利なども、この短期の政策金利と連動性を持って動きます。したがって、中央銀行は、直接的には短期金利である政策金利に影響を及ぼすことを通じて、経済全体の金利の動きに影響力を持ち、それが経済全体に影響を与えるのです。

中央銀行がコントロールするもう1つの重要な変数が、ベースマネーです。ベースマネーというのは、中央銀行がマーケットに放出した資金の量です。中央銀行は、銀行から国債を購入することを通じてマーケットに資金を出しています。例えば、ある銀行が中央銀行に国債を売ると、その売却代金分のお金が中央銀行からその銀行に振り込まれます。これがいわゆるベースマネーといわれるもので、中央銀行はより多く国債を買うほど、より多くのベースマネーを金融機関に出すことができます。これが増えれば増えるほど、金融機関はその資金を使って貸し出しを増やすなど活用することが可能になり、経済は活性化します。

どれだけのベースマネーをマーケットに出すのか、あるいはどれだけのベースマネーをマーケットから吸収するのかという判断も、中央銀行の金融政策にとってきわめて重要です。特にデフレが長く続き、金利がゼロに非常に近いところにへばりついている、いわゆるゼロ金利政策の状況では、これ以上金利を下げることができないので、数量としての金融緩和、つまりベースマネーを増やすという政策が非常に重要になってきます。

中央銀行はこういうことを行うことで、さまざまな目標を達成しようとしているのですが、中央銀行が実現すべき最も重要な政策の目標が、物価の安定です。

物価の安定とは、インフレが激しくなって物価が急上昇していくことを防ぎ、さらにはデフレで物価が下がっていくことも防ぐことです。そして、1%から2%という率で物価がゆっくり上がっていくという穏やかな状態を実現させることが、中央銀行の重要な政策目標になります。

物価を安定させることが、結果的にはマクロ経済全体を安定させることにつながります。物価が安定しないなかでインフレやデフレが起こると、経済そのものが大きなダメージを受けることになるからです。現在の日本銀行は、物価安定のためにインフレーション・ターゲティングという政策手法を導入しており、2%前後の範囲で物価が移動していく方向に誘導することを政策目標として公言しています。

長くデフレに苦しんできた日本経済にとって、デフレからの脱却というかたちでの物価の安定を日本銀行が実現できるかが、大きな注目点になります。

政府は財政政策で経済を動かす

マクロ経済政策におけるもう1つの重要なプレーヤーは、いうまでもなく政府です。政府も経済活動、特にマクロの景気に影響を及ぼすようなさまざまな政策を行うことによって経済を安定させたり、成長を促進することを考えて行動しています。経済学では、政府が行うマクロ経済政策のことを財政政策と呼んでいます。

この財政政策には、2つの大きな手法があります。1つは政府の歳出、つまりお金を出す行為です。公共投資や教育資金、あるいは社会保障費の支出などの金額を減らしたり増やしたりすることによって、景気に影響を及ぼそうとするものです。一般的に景気を刺激したいときには、歳出を増やすことによって景気を刺激しようとするわけです。

もう1つの柱は歳入、つまり入るお金です。政府は税を課すことによって市場から民間の資金を調達し、それを公共の活動に回しますが、これも景気が悪いときには所得減税や投資減税というかたちで税金を軽減して、景気を刺激しようとします。

このように歳出と歳入の両面から調整しながら景気を動かし、好ましい方向にもっていこうとするのが財政政策です。これを理解する上で重要なのは、政府の歳入と政府の歳出が一致している必要はまったくなく、仮に歳入以上に歳出したいと考える場合、その差額を賄うために国債を発行するということが行われます。

国債は、いわば政府が発行する借用証書です。残念ながら現在の日本は、財政の赤字幅が大きすぎるために、発行している政府の国債が雪だるま式に膨れ上がり、政府の財政バランスは非常に厳しい状況にあります。

日本の財政問題は待ったなし

これからの日本経済を見る上で財政、特に政府の借金のあるべき姿も非常に重要な論点になります。残念なことですが、日本の政府が抱える債務、借金の額は、世界の主要国の中でも最も高い数字になっています。多くの場合、政府の債務の規模を測る際には、政府が抱える債務（借金）の額をその経済の規模であるＧＤＰで割った数字で評価します。これを、「政府債務の対ＧＤＰ比値」といいます。

ちなみに、財政危機で大変な状況にあったイタリアの政府債務の対ＧＤＰ比値は、１２５％程度だといわれています。これは世界的に見ても非常に高い数字で、イタリアはそのために苦しんできました。では、日本はどれだけあるのかというと、２４０％といわれています。債務の規模だけを見れば、日本の現状は大変深刻です。それにもかかわらず経済が非常に安定しているというのが、日本の強さでもあるわけですが、それで安心してはいられません。

財政問題の深刻化がもたらすものは、ギリシャやスペイン、イタリアが経験したことを見れば明らかです。ギリシャも日本と同じように、政府は膨大な借金を抱えながら、さらに財政赤字を増やし続けて財政運営をしてきました。しかし、ついにギリシャ国債に対するマーケットの信任が得られなくなり、誰もギリシャの国債を新たに買おうとしなくなってしまい、逆に投げ売りが始まりました。

国債の投げ売りが始まると、金利はどんどん上がっていきます。すると、新たに国債を発行して財政赤字を埋めることができなくなり、急速に財政支出を抑えていくことになります。しかし、日々行われている教育や医療、年金などを切ることはできないので、財政運営はさらに厳しい状況になります。

また、国債への信頼がなくなると、過去から積み上げてきた国債を借り換えるにあたっても非常に高い金利を払わざるを得なくなり、それもまたその国の財政運営に厳しい影響をもたらすことになります。

日本には現在、約1000兆円の政府債務があります。幸いなことに国債の金利は0・8%前後ときわめて低いために、これだけの借金があっても利子はそれほど負担にはなっていません。しかし、将来わずかでも国債の金利が上昇すれば、その利子負担は政府の財政にのしかかってきます。

これはきわめて深刻な問題です。そういうことが起こらないためにも、一刻も早く財政を健全にする動きをしっかりと進め、市場から評価を得て、低いいまの金利で国債を回していける環境を維持することが重要です。つまり、日本の財政を健全化させていくことが、マクロ経済政策運営の上では、きわめて重要な問題になっているのです。

ただ政治的になかなか難しいのは、政治家の方々は、自分たちがかかわっている分野の歳出を削ることに対して非常に消極的だからです。例えば、公共投資が大事だと主張する政治家の方々は、これを削減することには消極的で、新幹線でも高速道路でもダムでも港でも空港でも、つくれるものはどんどんつくってほしいという要求を繰り返しています。

また、少子高齢社会に突入した日本では、医療や介護の支出が増えて財政を圧迫することは明らかですが、現場で医療や介護をやっている方々からすれば、そういうものに対する政府支出を抑えていくということには非常に抵抗があり、歳出を抑えることには強い反対の意思を示します。

ことほどさように、支出を抑えることは難しいと同時に、それを賄うための増税を行うにも国民を説得することはなかなか難しい。増税を断行しようとすれば、その政権は次の選挙で負けてしまいます。政治家もそれがよくわかっているので、増税には慎重になります。結局、増税ができないなかで歳出も削れない、むしろ増えていくということになれば、政府の赤字は膨れ上がり、借金がどんどん増えていくことになります。

残念ながら、これがいままでの日本がたどってきた道であり、それをどのように是正してより望ましい方向にもっていくかが、日本のこれからを考える上できわめて重要な話なのです。

第2章

虫の目——ミクロの視点でとらえる

1　需要と供給が社会を変える

個別分野を見る3つの基本

第1章では「鳥の目」というキーワードで、経済をマクロに見る方法や考え方について紹介してきました。しかし、経済は現場を持つ存在であり、電力や航空機、あるいは小売や金融などさまざまな事業分野で、私たちの生活に深くかかわる産業が活動しています。経済を見る際には、その現場をしっかりと理解する力が求められます。その力の源が、この章で述べる虫の目になります。

経済学では、こうした個別の産業分野を見るための分析手法をミクロ経済学と呼ぶことがあります。個別の分野を見るには、基本となるものが3つあります。1つ目は需要、2つ目は供給、3つ目が価格です。すべての市場で、需要と供給と価格が経済学の教科書どおりに動いているわけではありません。しかし、需要と供給の動向から価格の調整機能がどのように働くのかを見ることが、虫の目を正しく利用する上では重要です。

この本は経済学の教科書ではないので、需要と供給の理論について詳しくお話しすることはしません。ただ、どんな問題でも「需要はどう動いているのか」「供給はどう反応するのか」、あるいは「価格はどのように機能しているのか」ということを意識する必要があります。それによって、産業や企業や消費者の動きがよく見えてくるはずです。

例えば、この後取り上げる電力システムで需要と供給がどうなっているのかを考えてみましょう。電力業界では、よく、安定供給の重要性がいわれます。経済成長や人々の生活の向上によって、電力需要は着実に増加しています。そこで、その需要に応じた供給を確保することが安定供給です。福島第一原発事故が発生する前の日本では、こうした安定供給を実現するため、原子力発電所の供給能力を拡大してきました。

しかし、電力システムの問題を供給面からのみ考えるのはおかしなことです。電力問題で需要はどこに行ったのか、という問題意識を持つべきなのです。たしかに需要に応じて供給を充実させていくという安定供給は大切ですが、原発事故などによって供給に制約があるときには、それに応じて需要を調整するということも必要なはずです。電力業界では、これをデマンドレスポンス（需要調整）と呼びます。

電力には、ピークとオフピークの大きな乖離があります。日中や真夏のピークの需要を抑えて、その需要をオフピークに散らしてやれば、全体的により小さな供給能力ですむはずです。こうした対応のためにいろいろな仕組みを構築するのが、デマンドレスポンスです。欧米では、こうした手法が積極的に採用されています。日本でも、電力システムを供給サイドだけで考えるのではなく、需要サイドの動きにも注目する必要があるのです。

いうまでもなく、そこで電力料金のあり方が重要なカギになります。ピークの需要を抑えるためには、ピーク時の電力料金をもっと高めに設定する必要があるでしょう。経済学では、こうした手法をピークロード価格と呼びます。電力メーターをスマートメーターに変えることで、電力利用の状況をリアルタイムにより詳しくとらえることができます。それを利用して価格を柔軟に動かし、需要を調整する。これが、今後の電力システムを考える上でも重要なポイントとなります。

多くの産業には、常に、需要と供給と価格の問題が潜んでいます。これら3つの要素に目を向けることで、より鋭い虫の目を獲得することができるはずです。また、そうした虫の目で産業や分野の動きを深く掘り下げることで、経済の見方が格段に鋭くなるはずです。

動き出した日本の電力改革

具体的な事例を使いながら、需要、供給、価格がどういう意味を持っているかを理解していただいたほうがいいと思います。まず、いま日本経済で大きな変化を遂げようとしている電力の事例を用いて、需要、供給、価格についてお話ししましょう。

福島第一原発の事故が起きて以降、日本では電力システムの改革議論が急速に高まってきました。日本の電力には、世界のほかの主要先進国の仕組みとはずいぶん異なった古い仕組みがそのまま残り、それがさまざまな矛盾を引き起こしているのではないかと考えられるようになったからです。

電力の供給サイドは、いわゆる電力9社体制（沖縄を入れると10社）と呼ばれるかたちで、地域ごとに特定の電力会社がほぼ独占状態で事業を行っています。しかも、その電力会社が、上流の発電からそれを送る高圧線、変電所から各ユーザーに電圧を下げて送る配電、それをそれぞれのユーザーに販売する小売という、上流から下流までの一貫した流れを、垂直的かつ統合的、独占的に担うという、非常に特徴的な仕組みになっています。

その結果、それぞれの市場に新規参入者がほとんど入ってこない独占状態が維持され、地域を超えた競争原理がほとんど働きません。中部電力と東京電力が競争しているわけでもなければ、中国電力と九州電力が競争しているわけでもありません。ほぼ完璧な地域独占なので、電力料金は、それぞれの電力会社のコストに一定割合の利益率を乗せた、「総括原価方式」という、料金規制を原則とした仕組みで動いてきました。

海外でもかつてはこれに近い仕組みがありましたが、欧米を中心に規制改革がどんどん進められ、現在ではさまざまな形態の電力供給が競い合うかたちになっています。こうした世界的な流れとともに、福島の原発事故を契機として、日本の電力システムも見直さなければならないのではないか、という動きが出てきています。

こうした動きによって、今後どのような変化が起こりうるかを想像してみることで、私たちの虫の目を鍛えることができます。

日本の電力システムがいかに特殊であるかを理解していただくために、電力と食料である米を比較してみましょう。例えば、東京に住んでいる人は東京電力がつくった電気を東京電力に運んでもらい、東京電力から電力を買うしかありません。これを米にたとえると、東京に住んでいる人は東京電力がつくった米を東京電力に運んでもらい、東京電力から買うしかない、ということになります。

つまり、ほかの生産者、例えば中国電力あるいは北海道電力などの人たちがつくったものを買うことはできないし、さらにいえばその価格も固定されています。実は、米も昔はそれに近い状態でした。全国の米は政府が価格を決め、農協などがまとめて流通させていたのです。末端の消費者が米を選択できる余地はほとんどなく、そのように流通していた米を買わざるを得ませんでした。

ところが、その米にさえ少しずつ変革が訪れました。例えば、地域ごとに生産者が工夫をし、安くておいしい米をつくることによって、自主流通が可能になりました。味や品質にこだわる消費者はインターネットや宅配便などを通じて、生産者から直接米を買うことさえできるようになりました。競争によって価格にも格差が生じ、新潟のコシヒカリのように高くても求める人が多い米もあれば、価格の安さで選ぶこともできます。

このように、米の市場でも相当に市場メカニズムが働き、消費者に恩恵を与えています。電力についても、こうした変革を進めていくことが必要だと考える人が増えてきました。

発送電分離が競争を生み出す

電力システムの改革については、主に２つの改革の柱が見えています。その１つが発送電分離です。これは、発電を行う事業者と送配電を行う事業者を分けようというものです。

電気の送配電は、電力の中で最も規模の経済性が強く働く分野です。規模の経済性とは、規模が大きいほどコストが安くなるということなので、同じものを生産する機械を２つつくると大きな無駄が生じます。高圧線のネットワークをつくってそこに電力を流し、変電所を通じて地域に配電することは、これ自体が巨大なシステムであり、同じものを並行して2つつくることにはほとんど意味がありません。

これを言い換えると、現在の電力会社が行っている送電と配電の部分は、きわめて公共性が高い部分だということになります。そうであるならば、現在のように1つの事業者が垂直統合し、東京電力の送配電網は東京電力が優先して使うというようなかたちは、公共の利益と必ずしも一致しないことになります。

発送電分離が進めば、東京電力という送配電会社が持っている送配電網を利用して、さまざまな発電業者が発電事業に参加することが可能になります。例えば全国すべての原発が停止している状態では、火力発電所が非常に重要になっています。そうしたなか、天然ガスや石炭を使って、非常に燃料効率の高い最新鋭の技術で発電することが可能になっており、そこに参入しようとする企業は多くあります。

首都圏では東京ガス、ＪＦＥや新日鐵住金などの鉄鋼メーカー、あるいは王子製紙や日本製紙などの製紙会社や丸紅などの商社、そしてＪＸのようなエネルギー連合会社など、さまざまな事業体が自分の持っている土地を利用し、自前の発電機を使って発電するビジネスに参入しようとしています。これは、技術がどんどん進歩しているために、最新鋭の火力発電装置をつくれば、電力会社が発電するより安いコストで効率的に発電できるからです。

問題は、その電気を最終的に末端のユーザーに届けるには、送配電網を使わなければならないことです。この部分はきわめて公共性が高いにもかかわらず、特定の企業が独占的に事業を行っています。誰もが同じ条件で、透明な価格設定で、公平に送配電網が使えるようになる発送電分離が実現して、はじめて自由でオープンな競争が行えるのです。

発送電分離が重要なのは、将来の発電では再生可能エネルギーの利用拡大が現実的になるからです。太陽光や風力などの発電に、各地域でいろいろな企業が参入しようとしています。これを促進させていくことは、日本の将来の環境政策としてもきわめて重要です。しかし、これにもある程度自由に送配電網にアクセスできる発送電分離は、重要になってきます。

小売の自由化がカギ

もう1つの電力システム改革の重要な柱は、小売の自由化です。ユーザーに対して電力を提供してそのユーザーから料金を徴収することも、これまでは電力会社がほぼ独占的に行ってきました。価格も固定されていました。ここにさまざまな事業者が参入することによって、競争を高めることを可能にします。

例えば、ソフトバンクのような携帯電話会社やジュピターテレコムのようなケーブルテレビ会社などは、電力小売自由化によってこのビジネスに参入しようとしています。携帯電話への加入と同時に電力の契約をすると電力料金を1割安くする、あるいはケーブルテレビサービスと電力供給をセットにして割り引くなど、さまざまな業者がさまざまなサービスで小売事業に参入することが可能になります。

政府のある資料によると、日本の電力小売市場は7兆5000億円規模とされており、現在、その大半は電力会社の独占状態です。しかし、発送電の分離が行われ、新しい事業者が各電力の小売に入っていくと、いろいろなビジネスチャンスが生まれます。

例えば、現在はマンションの各戸が電力会社と契約して電力を買っていますが、マンション全体で高圧電力をまとめて買って、それを中で分けてマンションの住人に売れば、結果的にマンション住民は1割程度安価な電力を使えます。これをアグリゲーションといいます。

また、日本橋では三井不動産という最大手の不動産業者が都市開発を続けてきましたが、同社は東京ガスと組んで日本橋の地下に大型のガス火力発電所をつくることを発表しています。これは、いわば電力の地産地消で、消費地に近いところで電力をつくって運営するという発想です。こうすると、電力をつくる際に発生する熱も利用でき、電力のエネルギー効率を高めることにもなります。

さらに最近では、ダイワハウス工業や積水ハウスなどの住宅メーカーが、家を建てるときに太陽光のパネルをつける、あるいはスマートメーターがついていたら家の暖冷房や電気機器の仕様を調整するなど、いかに効率的なエネルギー利用を進めていくかに挑戦しています。これを、ＨＥＭＳ（Home Energy Management System）といいます。こうしたことが住宅の付加価値を高め、住宅メーカーから見ても非常に大きなビジネスチャンスになっています。

電力のシステム改革、小売の自由化と発送電分離によって、発電会社に新規参入社が加入し、マーケットメカニズムが本格的に働きはじめていることが見えてきます。

重要なことは、新規参入によって競争が起こることです。首都圏は全国最大の電力消費地でもあるので、この変化の中で中部電力や関西電力もすでに首都圏に参入することを表明しています。そうなると、これからは首都圏という巨大な市場で複数の電力会社や東京ガス、発電に参入するメーカーや商社などを巻き込んだかたちで、電力の競争が起こってくることが予想されます。

そして、さらに重要なのは、こうした競争によって消費者が選択の自由を与えられることです。これまで一般の消費者は、その地域の電力会社の電気を決まった料金で買うしかありませんでした。しかし、これからは複数の会社から選べます。なかには、地球温暖化問題に高い関心があり、再生可能エネルギーをたくさん使った電力を買いたいという意思を持ったユーザーもいることでしょう。そういう人は、再生可能エネルギーの利用を進めている電力会社から買うこともできるようになります。

電力の例を出したのは、これが日本にとっていま非常に大事な大きな変化を象徴する動きを見せているからですが、同時に、需要と供給が調整されて競争が起こることで市場が活性化されることに、重要な意味があるのです。

アンバンドリングとは何か

もう1つ、私が経験した興味深い変化の例を挙げたいと思います。それは、電気通信事業におけるアンバンドリングです。アンバンドリングは束をばらすという意味で、先ほどの発送電分離は、電力における送配電と発電をアンバンドルするということになります。

実は2000年代の初めに、電気通信でも同じような議論が起こりました。当時、森喜朗内閣がIT戦略会議というものをつくりました。その最大の理由は、日本のインターネットにおけるブロードバンドの利用が非常に遅れているといわれていたことにありました。

ブロードバンドはいまとなっては当たり前のインフラですが、当時、日本は先進国の中で最もブロードバンド利用が遅れていました。それは、日本の電話のネットワークではNTTが最も大きなシステムを持っていたのですが、そのNTTがブロードバンドの利用に対しては必ずしも積極的ではなかったからです。

そこで政府のIT戦略会議では、NTTなどが持っている全国に広がる電話線のネットワークは一体誰のものなのかということを議論しました。

もちろん私企業であるNTTが投資してきた結果として存在する通信ネットワークですから、NTTのものであるというのは1つの見方です。しかし、実はそれ以前に、NTTが持っていた電話線のネットワークは日本国民にとって重要な資産であり、国民のものではないかという見方も当然成り立ちます。もしそうであるなら、国民にとってメリットが最大になるようにネットワークを利用すべきではないかということになります。

この会議では大変激しい議論が行われ、最終的な結論として出てきたのは、情報通信ネットワークのアンバンドリングを実行しようということでした。それは、NTTが持っている情報通信回線を、ほかの業者が自由に利用できる仕組みを広げようということです。

自由に利用できるということは、決してタダで利用できるという意味ではありません。NTTの回線をNTTが使っても、ソフトバンクが使っても、あるいはeモバイルが使っても、同じ条件で同じようにアクセスできるようにしようとしたのです。この仕掛けにすることによって、日本の通信は大きく変わりました。

NTTがすでに確立していた全国ネットワークを利用して、いろいろな業者が情報通信サービスに参入しようとしました。当時の光景を覚えている人もいるでしょう。ソフトバンクはヤフーBBという会社を使って、街頭でブロードバンド用のADSLのルーターを無料で配り、「これを使ってください。使いはじめてから月々の料金をいただきます」という、きわめてアグレッシブな展開を行いました。

結果から見ると、それから数年の間に日本のADSLを中心としたインターネットの利用はあっという間に広がり、日本はブロードバンド利用において世界でも有数の先進国になりました。そして、高速で大容量のネットワークが使えるようになったことで、金融、流通など、いろいろなものがインターネットで利用可能になったのです。

これは、電力のアンバンドリングと非常に似た部分があります。情報通信の場合も回線の設備はスケールメリットが大きいので、ここを開放することによってより競争が激しくなり、技術的にも先に進むということになります。

個別の産業で規制改革を行い、市場メカニズムを利用することによって、いろいろな新しい動きが出てくる可能性のあることが理解できたのではないでしょうか。

2　企業の戦略を値付けから読み解く

需要、供給、価格の３つの中でも、中心にあるのは価格だといえます。価格がどのように設定されているのか、本来あるべき数字よりも高すぎるのか低すぎるのか、あるいは適正な数字なのかを見極めることができれば、それに対して需要がどのように反応しているのか、その反応が社会的に好ましいものなのか、あるいは供給つまり生産者がその価格に対してどのように反応しているのか、それが社会的に評価できるのか、というように問題がよりクリアになってきます。

インセンティブ戦略

まず、店舗の現場で価格がどのように設定されているかにこだわって、考えてみたいと思います。この本の冒頭で薬の話をしましたので、そこから入ってみましょう。

我々は消費者として薬局に行き、いろいろな商品の価格を見比べます。そのときに見ている価格は、業界の言葉を使うと上代、上の代の価格といい、一般的には小売価格といいます。しかし現実の経済では、それ以外にいくつかの価格が隠れていて、その隠れている価格も含めて物事を見ることによって、経済の動きがわかってくると思います。

皆さんが薬局で支払う価格は上代、小売価格ですが、その薬局は問屋さんやメーカーから商品を仕入れているので仕入価格というものがあります。これを下代、下の代、あるいは仕入価格といいます。

この仕入価格と小売価格の間がどういう関係になっているかにこだわってみると、虫の目で見て市場がどのように動いているかがより深く理解でき、これまで日本で起きてきたいろいろな流通や経済の事件や出来事の背景がよく見えてくるかもしれません。

20年以上も前のことになりますが、前述のように、薬局で売っている風邪薬には2種類のタイプがあるということを聞きました。1つは、O製薬やS製薬のような会社が扱っている商品です。これらの会社は、いわゆるＯＴＣを中心に扱っている会社です。処方箋なしで薬局で買えるような薬を中心に売っています。しかも、問屋を通さないで自ら直接小売店と取引している傾向が強くあります。

それに対して、病院、研究所といった医科向けの薬を中心に売ると同時に、風邪薬のようなＯＴＣの薬も問屋さんを通じて流している製薬会社のケースが多くあります。ＯＴＣを中心に売っている企業の薬は、薬局のマージンが非常に高かったといわれています。つまり、１０００円で売っている薬には、一方の問屋を通じてくる薬の小売マージンが30～40％なのに対し、ＯＴＣ専用薬メーカーのものは60％程度のマージンがついていました（現在はずいぶんと状況が違うようですが）。

そこで、なるべく小さなまちの薬局に行って、ちょっと熱がある、あるいは風邪気味だから風邪薬がほしいといったときに、店主がどういう薬を出してくるかを観察してみることにしました。もちろん偶然の部分もありますが、かなり多くの人がＯＴＣ専用メーカーの風邪薬を薦めてきました。これは当然のことで、同じ１０００円の薬を売っても、ＯＴＣ専用メーカーなら６００円のマージンが薬局に落ちますが、ほかのメーカーの薬では３００円か４００円になるのですから。

消費者から見ると同じ料金に見えても、実はマージンで見ると大きな違いがあります。別の言い方をすると、ＯＴＣ専門の後発企業は、あえて安い価格で薬局に卸して、それを安くない価格で売ってもらうということを通じて、売上を伸ばしていったのです。

経済を理解するときに非常に重要なのは、売手であろうが買手であろうが、経済活動をする人たちは、インセンティブに動かされる存在であるということです。ですからこの場合は、同じ薬を売るのであればよりマージンの高い薬を売ったほうが得だということを計算して商売をしているわけで、そのインセンティブをうまく利用しながらいろいろなものを販売していこうということは、企業にとって大きな重要な戦略になります。

ダイエー中内商法

日本では、このようにインセンティブを使って販売することが流通現場で広く行われていました。カラーテレビなどもその代表的な商品でした。２０２０年に東京オリンピックが行われるということで非常な盛り上がりが予想されますが、前回１９６４年に東京オリンピックが行われたときにも、開会前に大量にカラーテレビが売れ、それによって日本のテレビメーカーは伸びていきました。我が家のアルバムにも残っていますが、私の親がカラーテレビを買いました。そのころのテレビで最も売上が多かったのは松下電器で、いまのパナソニックです。その多くは、地域の商店街にある電気屋さんで販売されました。

そのころ、価格についてはメーカーがコントロールしており、電気屋さんにテレビを売ってもらうために、比較的高いマージンをつけて売ることが普通に行われていました。したがって、電気屋さんから見れば、カラーテレビを1台売ればそれなりの利益が得られたということです。

おそらく、我が家が東京オリンピックを見るために買ったカラーテレビは、当時1台20万円程度でした。当時の大卒の初任給が3万円とか4万円の時代でしたから、現在なら100万円から150万円の価値がある商品だったのです。

その20万円のカラーテレビを街の電気屋さんが売ると、おそらく4万円から5万円、あるいはそれよりも高いマージンが得られた可能性があります。したがって、1台でもさばくことが店にとって非常なインセンティブになりました。そのインセンティブをうまく利用することによって、松下電器は売上を伸ばしていったのです。

当時、この状況に挑戦した経営者の代表に、ダイエーの中内㓛という方がいました。この人を主人公にして城山三郎が『価格破壊』という小説を書きましたが、大変面白い小説です。

仮想的な数字でお話しさせていただきますが、ある大手の家電メーカーが15万円くらいでカラーテレビを地域の家電の店に卸して、家電メーカーはそれを20万円で売るというビジネス構造ができていました。地域の家電販売店は15万で仕入れたテレビを20万円で売れるわけですから、この5万円のマージンはかなり大きなインセンティブであり、一生懸命売って、それで売上が伸びていたのです。

中内氏はこの価格構造に目をつけて、15万円で仕入れたものを、17万円、18万円という価格で売ったら大量に売れるだろうと考えました。

マージンが下がるので1台当たりの利益は下がるかもしれませんが、街の電気店が15万円で仕入れたカラーテレビを20万円で月に5台売るとしたら、15万円で仕入れたテレビを17万円で月に500台売れれば、そのほうが、はるかに利益が大きくなります。そこで中内氏はあちこちのメーカーのカラーテレビを大量に仕入れてきて、それを17万円から18万円という価格で大量に販売したのです。

消費者から見たらこの値段の差は非常に大きいものなので、ダイエーのカラーテレビの売上は急速に伸びていくのですが、メーカーにとってはうれしくないことであるわけです。せっかく全国の専門の家電店のネットワークをしっかり育ててきて、そこでテレビを売るシステムをつくったのに、そういう店がダイエーのような安売り店にどんどんやられてしまうことになるからです。

そこで小説では、メーカーがダイエーはテレビをどこから仕入れるかということを調査しました。メーカーはそのルートを見つけ、ダイエーにテレビが入らないように圧力をかけるということを始めます。ダイエーは兵糧攻めに遭ったわけです。

そこでダイエーは、どこからテレビを調達したかわからないように、夜中に遠くから調達して対抗しようとします。すると今度は、メーカーはダイエーの店に行って自社の商品の商品番号をチェックし、どこから流れたかを調べてチャネルを絞ろうとします。それに対し、さらにダイエーは店で売るテレビの商品番号をやすりで削って売ろうとします。さらにそれに対抗してメーカーは、特殊な塗料で商品番号を入れてくるのです。

ここまでは小説の話なのですが、最終的に中内氏は、当時の国会議員やジャーナリストを自分の店に呼んで、この塗料の秘密を明かしてメーカーを糾弾しました。それ以降、ダイエーと松下電器は長きにわたって関係を絶つことになります。

ここで非常に面白いのは、ある程度のマージンで売ろうとするところがあると、それよりもっと安いマージンで売ろうとする企業が出てきて、いわゆる安売り合戦のようなことになるということです。価格というのは見える部分、見えない部分で非常に重要な役割を果たしていて、それが結果的にはマーケットのダイナミズムにも大きくかかわってくるのです。

こういう現象はカラーテレビだけではなく、薬や化粧品でもよくある話で、化粧品の場合にもメーカーはやはり末端の専門店を支えるために、それなりに安い定価で売るという商売を推奨してきたわけですが、それが往々にしてディスカウンターのターゲットになりました。

ある時期、薬や化粧品の安売りで急速に売上を伸ばす安売りチェーン店がどんどん伸びてきて、それにメーカーも対抗し、ときには裁判沙汰になって世の中を騒がせたことがあります。

経済はまさに生きものであり、価格をめぐる攻防はこれからも続いていくだろうと思います。

軽負担はモラルハザードを招く?

価格がどのような働きをするのかを、小売の現場から見てきました。次は、価格の重要性について、別の方向から考えてみたいと思います。例えば、安すぎる価格は社会にどのような影響を与えるでしょうか。

日本には、「タダほど怖いものはない」という言葉があります。これは、タダというのは一見よさそうだけれど、後で大変な目に遭うかもしれないという教訓です。アメリカにも、「フリーランチ（無料のランチ）というものは世の中に存在しない」という言い方があります。これは、「その分を誰かが――ひょっとしたらあなたが負担するのかもしれませんよ」という警句です。このように、価格が非常に安い、あるいはタダということには常に警戒心を持たなければいけないという教えが古今東西にあります。

価格が安すぎて、社会的に大きな問題が起きている代表的な分野が医療です。例えば、薬を病院で処方してもらうと、それには実際にコストがかかっているわけですが、その多くは健康保険でカバーされます。現役で働いている世代は、保険で70％がカバーされ自己負担は30％です。また、75歳以上の高齢者の方であれば、個人負担は10％で90％は保険でカバーされます。

すると、実際には薬にコストがかかっていて、保険から支払われるのですが、自分自身がお金を払っているという意識が非常に薄くなります。そうなると、薬の選別に対してあまり真剣にならない、あるいはあまり考えないで、医師の処方した薬を漫然と使うケースが多くなります。

日本では一時期、過剰な投薬や処方が問題になったことがありますが、医師、病院に任せておくと必要ないようなものまで処方されるケースは現在でもあります。これは大きな問題ですが、個々人からすれば、ほとんどが保険でカバーされるために、あまり痛痒感を感じないのです。

最近では、ジェネリック薬の使い方が、この事例に当てはまります。

よく知られているように、10年間は新薬を開発した製薬企業にそれなりに高い価格で独占的に売ることが認められていますが、10年たってパテントが切れると、新薬と同じ構成要素の薬を誰でもつくることができます。ジェネリックと呼ばれるこの薬は、新薬に比べて半分以下のコストで製造することができます。

これは、新薬を開発するインセンティブを与えるために10年間はパテントで独占的な権利を認めるけれども、いずれはできるだけ安いコストで人々が広く利用できるようにするという意図で、つくられた制度なのです。

以前アメリカにいたときに、90歳近い夫婦と話していて、彼らが常用している薬の話になりました。彼らは、日ごろから血圧を下げる薬や中性脂肪を減らすための薬を飲んでいる。これは15ドルほどしていたのだが、去年、ついにジェネリック薬が出たので5ドルで買えるようになった。これは非常にありがたいというのです。このご夫婦が非常にうれしそうだったのが印象的だったのですが、それは個人が薬のコストを負担するアメリカの医療制度では当然のことなのです。

ところが日本では、ジェネリック薬があるにもかかわらずそれに切り替えず、相変わらず値段の高いパテント薬やもともと新薬であったパテント切れの薬を使い続けるケースが非常に多く、それが医療費を膨らませていると考えられています。

経済学では、こうした行為を「モラルハザード」といいます。一人ひとりの国民は、ジェネリック薬であろうが高いパテント切れの薬であろうが、自己負担分はほとんど変わらないので、あまり気にしません。そのため、医師の処方箋に書いてあればパテント切れの薬を使い続けるのです。それが日本の医療コストを上げ、結果的に保険財政の危機につながっています。

価格が安いということには、常にこうした問題がつきまとうということを意識しておく必要があると思います。

3　経済の活性化には価格の攻防が必要

日本の米価から見えてくる〝平和〟の罪

では、高すぎる価格はどうでしょう。例えば米の価格です。いま日本では、減反政策をやめるべきだという議論が高まってきています。減反政策というのは、米の価格が安くなるのを防ぐために生産を調整することです。要するに米の耕作面積を減らして（減反）、生産量を抑え、それによって価格の下落を防ぎ、農家を守ろうという政策です。

具体的には、それぞれの地域で米の生産を減らすために、一定の農地で米以外の作物をつくるか、あるいはまったく生産しないで農地を放置しておくということを農家に求めます。地方に行くと、田んぼの中にぽつぽつと荒れ地が残っている光景に出くわすことがありますが、これなどは減反政策を象徴する光景だといえます。

要するにこれは、減反政策によって米の価格が恣意的に高い水準に抑えられているということです。これが、一般の国民にとって好ましくないことは明らかです。本来もっと安い価格で買えるにもかかわらず、高い価格で米を買わされていることになります。現在のような経済状況では、これに対する反対論が高まるのは当然です。しかし、もっと重要なことは、米の価格を高くするために、恣意的に減反政策をとることが、生産者の意欲や行動をもゆがめていることです。

減反政策をやめて自由に米をつくれるようにすると何が起こるかを考えてみれば、減反政策によってどういうゆがみがあったかがよくわかります。

減反政策がなければ、いい米をたくさんつくることができる農家は、いまよりも自由に生産規模を拡大することができるでしょう。そうなれば規模が拡大するので、さらに米の生産額は増えて米の価格は下がっていくことが予想されます。米の価格が下がっても、生産規模が拡大している農家にとっては、単位コストが大幅に下がるのでまったく問題はありません。

ところが、米の生産量が増えて価格が下がると、これまで減反政策で守られてきた農家にとっては大変厳しい状況になります。米価が高く抑えられてきたから、少量生産でも何とか採算を合わせることができたのです。彼らの多くは、会社勤めなどをしながら営農する兼業農家という形態で、高い価格に守られながら細々と米づくりを行ってきました。そういうことが難しくなってくるわけです。

これは当事者の兼業農家にとっては、もちろん大変厳しい変化かもしれません。しかし長い目で見ると、そのような小規模な農地をより生産性の高い、より大きな規模を持つ農家にシフトさせていくことで、日本全体としての米の資源配分や生産にとって好ましい結果になっていくのです。

つまり、減反政策をやめて米を自由につくれるようにすることは、米価の下落によって消費者により安い米を提供するというメリットだけではなく、生産者サイドにとっても、より効率的に農地の集約を進め、それによって次の世代の人たちには農業から他の分野への移動を促すことにもなるのです。

もちろんその結果として、生産される米が安かろう悪かろうということになるわけではなく、むしろ価格の競争によって米価が下がると同時に、品質に関しても厳しい競争が行われるようになります。つまり、普通の市場で当たり前に行われてきたことが、米の分野でも起きるということです。

また、将来的にはアジア全体の所得水準が上がり、食料に対する意識が高まると、より安心安全で高品質な食品に対する需要が増えていくと考えられます。減反をやめて日本の米の値段を下げることが長期的に実現していくと、米は日本にとって輸入制限をして守るべき産業から、積極的に輸出を展開できる産業に変わっていくことが考えられます。日ごろ、あまり意識せずに食べている米ですが、その価格構造が変わることがいかに大きなインパクトを持つかがわかります。

一般的には、価格が高すぎてゆがみがもたらされることを、経済学では独占の問題とつなげて議論することが多くあります。日本の米の減反政策の場合には、米農家が独占的であるというよりも、むしろ国全体として生産を調整して価格をつり上げるという、独占的な行為をとってきたということになります。

独占に関して紹介したい有名な言葉があります。イギリスの経済学者でノーベル経済学賞を受賞したジョン・R・ヒックスは、「独占のいいところは〝平和〟な生活である」と言っています。これはけだし名言であると思います。つまり独占的な状況――米の減反もそうかもしれませんが――で価格をつり上げていけば、倒産はないし廃業はない、競争はないし解雇もない、つまり皆が平和です。

ただ問題は、その結果として消費者は非常に高い価格でものを買わされているということです。しかし、価格が高いという事実を知ることは意外に難しく、人々はそれを当たり前と思って受け入れてしまうことも多いのです。つまり平和な状態で、非常に大きなゆがみが残るのです。

経済学者の役割は、〝平和〟といわれている独占の状態の裏に隠されている壮大なゆがみや社会の問題を明らかにすることにあるのだと思います。

日本の食料価格の問題については、アメリカに行ってみるとよくわかります。スーパーマーケットに行って、野菜を買っても果物を買っても肉を買っても穀物を買っても、とにかくべらぼうに安いのです。つまり、アメリカで生活していると、高い価格が維持されることによって、いかに日本の国民――特に所得の低い人たち――の生活が大きな影響を受けているかがよくわかります。

ある研究によると、消費税が3%上がることによる消費者負担よりも、米の減反政策をなくして米価を下げることによるプラスのほうが、はるかに大きいそうです。我々が当たり前だと思って受け入れている価格の中にも、いろいろな問題が隠されているということを見ていきたいと思います。

こうしたものはほかにも多くあり、例えば先に述べた電力がそうです。

日本は、電力の安定供給を優先していわゆる9社体制をつくりあげ、それぞれの地域で電力会社が独占的に事業を行っています。その体制の中では、電力会社がコストに利益率を乗せて、規制的な価格で販売することができます。これにより、輸入される石油や天然ガスのコストが上がれば、その分だけ電力料金を上げることができ、その結果として日本は、世界で最も電力料金が高い国になってしまいました。これは、原発事故後の話ではなく、原発事故以前からそうだったのです。

しかし、それぞれの地域に住んでいる人は、その地域でその電力を使うしかなく、高いコストが乗っている弊害にはまったく気づかずに生活してきました。まさに、独占の美徳は平和な生活である、ということです。電力会社は安定供給の重要性ばかりを盛んに強調してきましたが、その結果として価格が高くなるということは、あまり問題にされてこなかったのです。

そのような電力も、海外と比較すると日本が抱えているゆがみが見えてきます。例えば、大手企業は電力コストが非常に安いアメリカや韓国の企業とグローバルな世界で競争しなければならないので、電力コストが高い日本国内で生産したのでは採算が合わない、あるいは企業そのものが倒産したり、国内の工場を閉鎖して海外に出ていくということもありえます。

「高いエネルギーコストが日本の空洞化につながる」という議論が産業界から出てくることはありますが、そういうことがいわれるのは、海外の価格が国内の価格に比べて安いことを最も敏感に感じているのが産業界であるからだと思います。いずれにしても価格が高すぎるということ自体が、非常に問題なのです。

価格が人々の行動を変えていく

しかし、価格が安いか高いかの判断基準は、ケースバイケースです。場合によっては、高いように見えてもさらに高くしたほうがいいということもあります。

それは、経済学者がピークロード価格と呼ぶケースです。これは、高速道路がわかりやすい例になります。例えば、鉄道や首都高速道路は、通勤時間帯には非常に利用者が多いために満員状態だったり、渋滞が起きるなどします。一方、日中や深夜の時間帯、あるいは週末は比較的空いています。

こうした場合、混んでいる時間帯と空いている時間帯を同じ料金にすると、混雑現象を緩和できません。これに対して経済学者は、混んでいる時間帯の価格を上げ、混んでいない時間帯の価格を下げることによって需要を平準化する必要があるといってきました。

しかし、社会的にはこれはなかなか難しいことです。通勤電車が満員になる時間帯の料金を上げることは、多くのビジネスパーソンにとって非常に大きなコスト負担になります。それでも、通勤ラッシュの解消を求める声が大きければ、通勤時間の通勤コストを上げて、その他の時間を安くすることによって、企業がフレキシブルな労働時間にシフトすることを促すということはあるかもしれません。

ピーク時間の価格を上げる、いわゆるピークロード価格を使うケースは現実的には少ないのですが、公共的な料金ではこういうものを使おうというケースがずいぶん増えています。

いま、最も多く議論されているのが電力です。電力の重要な特徴として、夏の暑い日中や寒冷地の冬の夜、あるいは人々の生活が始まる朝の時間帯などはその需要が非常に高まります。しかし同時に、それ以外の時間帯の電力の需要は非常に少ないので、ピークの需要を抑えてオフピークの需要を増やし電力の平準化を図るだけで、電力供給コストをかなり下げることができ、新たな発電所の投資も必要なくなるということが知られています。

そのための最も効果的な手法は、ピーク時の電力料金を大幅に引き上げることです。電力の小売の自由化や電力料金の自由化の動きは、こういうピーク、オフピークの調整を通じて電力需要全体を安定化させることを期待させるものです。

日本の家庭に設置されている電気メーターは、電力を利用すると円盤のようなメーターが回って、１ヵ月累計でどれだけ電力を使ったかを見る旧来型のものですが、今後数年のうちに政府が指揮をとって、いわゆるスマートメーターというものに変えていく予定です。

スマートメーターは、どの時間帯にどれだけの電力を使ったかがきめ細かく把握でき、その情報を瞬時に電力会社に伝達できます。これを使えば、時間帯料金制や社会全体の需要の動きに応じた価格調整が可能になり、結果的に人々の行動を大きく変える可能性があるといわれています。つまり、価格は資源配分を調整する上で、非常に有効に働く機能だといえます。

ピークロード価格は、民間部門ではこれまでも頻繁に行われています。例えば、航空機はお盆やお正月のようなピーク時の料金は非常に高くなり、観光地のホテルでもハイシーズンはローシーズンに比べて高い料金をとっています。それを我々は当然のこととして受け入れていますが、こういうものをより多様な分野に広げていくことが重要になると思います。

価格に敏感になることで、価格がどのように決まっているのか、どこにゆがみがあるのか、どういう可能性があるのかが見えてきます。これが「虫の目」であり、これを活用することでより深い視点が得られます。

デフレからインフレへ、プロダクトラインの工夫

ここまで述べてきたように、店頭でつけられている価格を見ると、さまざまなことがわかります。いま日本経済はデフレから脱却しつつあるといわれており、いろいろなものの値段が上がりつつあります。これは、現場で価格戦略を練っている企業の経営者にとっては、なかなか大変な状況にあるということです。

例えば牛丼店は、この10年から20年間のデフレの中で、値下げ競争をしのぎながら生き残ってきました。つまり、４００円の牛丼を３５０円にし、さらに３５０円の牛丼を２７０円にするということによって企業の収益率は圧迫されるものの、より多くの顧客を集めることができ、それで生き残ることができたのです。

ところがいま経済全体として価格が上がりはじめ、原材料のコストも上がりはじめ、人々の賃金も上がりはじめるなかで、これまで値下げ競争をしてきた牛丼店がどうすべきかは大変難しい問題です。

ある牛丼屋の経営者は、値段を下げるのは簡単だといいます。値段を下げても、頑張ってコストを合わせて下げていけば競争できるというのです。しかし、値段を上げていくのは非常に難しい。つまり、これまで下げてきた商品の値段を上げた途端に、消費者は離れていっ

てしまうかもしれないからです。どのように値段を上げていったらいいのかが問われているのです。

最も代表的な行動パターンは、値段を上げるだけではなく、より価値のある新商品を導入して、それにいままでより高い値段をつけるというものです。こういうことができるかどうかが、大きなポイントになるのではないかと思います。

例えば、牛丼の値段を上げることは難しいけれども、牛鍋のように消費者により価値の高い商品であると認めてもらえるような商品を出して、その値段を少し高めに設定するということができれば、それによって値上げと同じ効果が出せるかもしれません。ファミリーレストランでも、これまでより少し価値が高いと消費者に認めてもらえるものをメニューに入れることで、全体としての価格を上げていくことが可能になるかもしれません。

経済学の世界では、こういうものをプロダクトラインと呼んでいます。安いものから高いものまでいろいろなものをセットで並べることによって、全体としての収益構造を底上げしようとするものです。デフレからインフレに移行しようとしているときにも、プロダクトラインの中で商品構成や価格を調整することによって、企業は対応しようとしているということです。

デフレからインフレに変わるなかで、新しい商品を導入して価格を少し高めにつけることには非常に面白い意味があります。

経済学の世界で、行動経済学という分野がいま非常に大きな注目を浴びています。行動経済学というのは、人々の行動パターンはそれほど合理的に割り切れるものではなく、むしろ心理学的あるいは実験的に観察されているいくつかの典型的なパターンの中から分析すると、いろいろなことがわかってくると考える学問です。

そこには、いわば心理学的経済分析というようなものがあり、有名な例として次のようなものがあります。あるレストランのメニューに、1000円と2000円のワインが載っているとします。1000円のワインを注文する人と2000円のワインを注文する人は、ほぼ半々に分かれています。そこで、新たに3000円のワインをメニューに加えてみます。すると、いままでは1000円と2000円のワインが半々くらいで売れていたのが、2000円のワインがより売れるようになり、1000円のワインの売れ行きが少し落ちてきます。

これが意味するのは、消費者というのは価格と価値に対しての絶対的な評価を持っているわけではないということです。3000円のワインはすごくおいしいけれど高い。1000

円のワインは安いけれど、あまりおいしくないかもしれない。では2000円のワインにしようという行動をとる人が多くなります。これは、相対的評価の中で行われていることです。こういうことを巧みに利用することによって、企業も価格をうまく調整することができるかもしれません。

先ほどの牛丼屋のケースでも、牛鍋という新しい商品が出て、それが高い値段で売れればいいのですが、仮にそれがあまり売れなくても、より高くて価値がありそうな商品を置くことによって、これまでのメニューのABCのAからBに消費が移るということが起こる可能性があります。人間は価格に非常に敏感に反応して行動すると同時に、必ずしも絶対的評価を持っているわけではない、ということが重要なのです。

プロダクトラインというのは、いろいろなところで見られる現象です。例えば、ある大手自動車メーカーのトップがテレビでうっかり失言をしてしまいました。「リッターカーを20台売るよりも大型のRVを1台売ったほうが儲かる」と発言したのです。

1台100万円そこそこのリッターカーと、1台500万円以上するRVですが、500万円するRVのほうが100万円のリッターカーよりも、実は利益は20倍も30倍も多いということです。

これは、メーカーのトップとしては失言かもしれませんが、一般の人は、それはよくわかっていることです。つまり、高い商品ほど利益マージンが高いということです。

化粧品でも、1000円と5000円の口紅があれば、5000円の口紅は1000円の口紅の5倍以上生産コストが高いなどとは誰も思っていません。要するに、できるだけ安いものを買いたいと思う人と、いいものであれば高くても買いたいという人がいるので、プロダクトラインとしては、普及品から高額品までそろえることによって、全体で利益を稼ぎましょうということです。

面白いのは、こういうものがいろいろなところに広まっていて、興味深い心理的な影響があることです。プロダクトラインの代表的なケースは、飛行機の国際線の航空料金です。エコノミー、なおかつ団体旅行であれば非常に安い価格で行けます。ビジネスは非常に高いし、ファーストに乗ればもっと高い。明らかなのは、ビジネスやファーストクラスはたしかに座席は広いしサービスはいいし食べ物もおいしいかもしれませんが、そのサービスや広さを勘案しても、それに見合う以上の高い料金をとっているということです。

これは、先ほどの自動車の例と同じです。高いお金を出してもそういうところに乗りたい、あるいは乗ろうという人がいるから存在するのであり、品質のよい高額な商品でより高い利益マージンを出そうという企業の価格の動きが見えているわけです。

飛行機に関しては、もう1つ大きなポイントがあります。エコノミーの安い席に乗る人たちは、ビジネスやファーストの人たちが非常に高い料金をとられるということもよく知っています。それと比べて、エコノミーでハワイに行けるなら何て安いんだろうと思って乗っているので、あれだけ狭いなかでも我慢して行くのです。

つまり、価格をうまく利用することによって、いろいろなビジネスの動きが生まれてきます。単なるコストと料金だけではなく、行動経済学的な比較ということからも影響を受けるということだと思います。

4　虫の目を生かす知恵

税の負担も需要と供給の関係で決まる

虫の目というのはミクロで経済を見るということですが、需要と供給を正しく理解しようとすると、経済学の教科書から勉強しなければなりません。本書ではそうした理論の話は避けて、典型的な例から話を進めていきたいと思います。

わかりやすい例は税の話です。いまこの原稿を書いているときに、消費税が５％から８％へと引き上げられました。消費税が５％から８％に上がるなかで、誰がその税を負担するのかが大きな議論になります。

例えば、中小の卸売業者やメーカーは、次のような懸念を表明しています。それは、消費税が５％から８％に上がっても、大手の小売業は値段を３％ポイント分だけ上げるということをしないだろう、というものです。

税の分だけ３％ポイント末端の価格を上げてしまえば売上が落ちてしまうと懸念するでしょうし、企業によっては消費税で競争相手の価格が消費税分だけ上がっているときに、自分のところは価格を上げません、消費税還元セールですという雰囲気を出せば、そこでお客さんを増やすことができるかもしれないと考えるところもあるからです。

実際に前回、３％から５％に消費税が上がったときは、消費税還元セールと銘打って値段を上げず、むしろ下げた企業が一時的に売上を伸ばすということもありました。

しかし、そのように大手の小売業が価格を上げない政策をとるということは、逆にいうと卸売業者やメーカーに対して税金分だけ安い価格で商品を卸しなさいという圧力をかけることにもなりかねません。中小の卸売業者や納入業者はそれを心配して、消費税が自分たちの経営を圧迫するのではないかと懸念しているのです。

政府にもそういう声が届いているために、今回はそれをきちっと価格に反映させようとしています。つまり、できるだけ末端の小売業は消費税分だけ価格が上がるようにして、それで納入業者たちが苦しむことがないようにしましょうということを、政策として打ち出したのです。政府がしっかりと税の価格転嫁が行われているのを監視するということが、消費税をスムーズに上げていく上で重要になると思います。

しかしこれは、経済学的に見ると非常におかしな議論です。経済学の議論では、例えば消費税を5％から8％に上げたときに、その商品の価格が上がるかあまり上がらないかは結局、需要曲線と供給曲線の形によって決まってくると認識されています。

そうなれば、税金が3％ポイント上がったときに、それがそのまま価格に転嫁されるというケースもあれば、むしろ小売価格は変わらずに卸売価格や仕入価格が3％下がることによって供給者、つまり生産者のほうが税金を負担するということになる場合もあります。現実はその中間になるケースがほとんどですが、需要と供給の状況によってその配分は決まるのです。

おそらく日本の場合も、最終的には需要と供給のメカニズムの中でそれが決まってくるはずなので、一時的な調整に対する過度な反応を避けるという意味ではしっかり価格を転嫁させるという議論もけっこうですが、やはり最終的には供給と需要で価格が決まってくるのだろうと思います。

これは経済の世界では、もう少し話が広がってきます。例えば、生産者に3％税金をかけるのと、消費者に3％の税金をかけるのでは違いがあるかどうかです。例えば、ビールという商品に3％税金がかかる場合と、生産者がビールをつくって工場から出荷するときに3％税金をかけることに違いがあるでしょうか。

結論からいうと、両者にはまったく違いはないというのが経済学の考え方です。なぜなら、最終的な価格は常に需要と供給が一致するところで決まるからです。それに影響が及ぶ税金が、消費サイドにかかろうが生産サイドにかかろうが、最終的には市場の価格の調整を通じて、しかるべく生産者と消費者の間で負担の配分が行われるのです。これは、税金を誰がどういうかたちで負担するかを考える上で非常に重要なことになります。

日本では消費税と命名されているために、消費税率が上がると消費者がそれを負担すると勘違いしている人が多いのですが、このことについてもぜひ見方を変えていただきたいと思います。

日本で消費税と呼ばれている税金は、例えばヨーロッパなどでは付加価値税と呼ばれています。名前は違いますが、海外の付加価値税と日本の消費税は基本的にほとんど同じものです。日本の消費税は、グローバルにいえば付加価値税なのです。

これは、すべての付加価値に税金がかかってくるというものです。例えば自動車という製品を考えると、自動車の原料の鉄の付加価値にも、原料の鉄を加工して自動車部品にしたところの付加価値にも、部品を組み立てて自動車にするところにも、部品をディーラーが買い取って売る流通の付加価値にも、そしてそれが消費者にわたったときの消費の付加価値にも税金がかかるのです。

段階的にすべての付加価値に税金をかけていくことが付加価値税なので、結果的に日本で消費税と呼んでいるものも、消費者にすべて負担させるというものではなく、生産から流通、消費に至るまでの多段階での付加価値全体に一定の税金をかけるということになります。

経済のすべての付加価値活動に薄く広く税金をかけるのが消費税、付加価値税ですから、「消費税を上げることとは、消費者に税負担を求めること」という見方は正しくありません。経済は生産から消費までマーケットでつながっているために、どこか一ヵ所を動かすとほかのものがすべて動きます。ですから、すべての影響を見ながら全体像を見るということが必要になります。

電力改革にも需要と供給の考え方が活用できる

電力改革でも触れましたが、今回の電力改革で非常に大きなテーマになっているのが、原発政策をどうするかということです。石油ショック以降、日本はエネルギーを海外に大きく依存していることを強く意識して、エネルギー安全保障という観点からも分散化を図り、石油や天然ガスあるいは石炭だけに依存せず、原子力を活用することを国策としてきました。

また、石油や天然ガスは大量にCO_2を排出しますが、原子力の場合はこれを排出しないという環境面の理由からも、日本は原子力発電を積極的に展開する戦略をとってきました。しかし、それが２０１１年の東日本大震災に伴う福島第一原子力発電所の事故をきっかけに、大きく見直されようとしています。

原子力発電所については国民的な合意ができていないので、現時点で今後の方向性は明確ではありませんが、それに代わる再生可能エネルギーをもっと積極的に利用しようという動きが非常に強く出ています。特に太陽光発電は、現在はまだコストが高いけれども、利用が広がれば技術革新が進んでコストが安くなり、将来的には低コストで太陽光を利用できるようになるのではないかという期待もあり、やや先行して利用する動きが見られます。

政策的には、これを促進するためにＦＩＴ（Feed-in Tariff）＝固定価格買取制度を導入して、太陽光で発電したものについては20年間42円で買い取ると政府がコミットしています。もちろんこの42円という価格は、時間がたつと少しずつ下がってくる金額ですが、最初の時点で太陽光をやる決断をして投資したところにとっては、継続して20年間42円で買い取ってもらえるという、非常に有利な条件になっています。そのコストは全体として丸めて、すべてのユーザーの電力料金に上乗せさせるかたちになっています。

こうした買取制度によって、強引に再生可能エネルギーを増やすことには意味もあるのですが、他方で本当にそれで将来好ましいCO_2対応ができるのかという疑問を持っている人もいます。

ある企業家は、CO_2をできるだけ出さないために原子力発電を積極的に国が展開してきたのはいわば社会主義Ａであり、原子力発電はいろいろ問題があるから太陽光を増やそうというのは、それを社会主義Ｂへと展開したにすぎないといっています。その時代その時代に何がいちばんいいかを政府が決めて、そこで無理やり補助金やＦＩＴ買取価格制度を導入することが本当に好ましいのかについては、大きな疑問を持っている人が多くいます。

では、どうしたらいいのでしょう。経済学者としては、CO_2を削減するという大目標がある場合、これも需要と供給の両面から検討することが大事だと主張します。太陽光を使いましょう、あるいは原子力を使いましょうというのは、どちらかというと供給サイドに力点を置いた考え方です。しかし、実はCO_2を削減するためのもう1つの方法として、電力の利用を減らすということもあります。そうすると、無理をして太陽光をどんどんつくっていくという選択と、少しコストがかかってもいいから電力の利用を減らしていくという選択は、実は同じレベルで比較できるようにすべきなのです。

もっと太陽光や風力で電力を供給するのか、それともできるだけ電力を節約する産業構造にして省エネのための努力をするのかは、最終的にはどちらのほうが社会全体にとって好ましいのかという観点から判断されるべきです。そして、それを判断するのは政府ではなく、マーケットであるべきだというのが、経済学者の最終的な答えだろうと思います。

具体的には、価格を利用するということが大きなポイントになります。つまり、石油や天然ガスのようなものを使って電力をつくれば、当然CO_2が発生します。これが、社会的な費用を生み出します。それをしっかり価格に反映させてやれば、その価格のもとで人々は好ましい行動をとるでしょう。

具体的には、炭素税を導入するということが1つの答えになります。炭素税というのは、CO_2を出す原因になる石炭や天然ガス、石油の利用に関して一律に税金を課すものです。そうすると、ガソリンを買おうが、天然ガスでつくった電力を利用しようが、あるいは石炭を燃やそうが、とにかくCO_2が発生するエネルギーを利用しようとすると、炭素税分のコストを払わなければなりません。

するとユーザーは、それでも電力を利用して経済活動をするのか、それとも少し無理をしてでも省エネや節電をするのかという選択を迫られます。これは、メーカーも同じです。同じ電力を生み出すときに炭素税を払ってでも火力発電がいいのか、それとも多少コストが高くても太陽光や風力で発電したらいいのかを選択するのです。その場合も、政府が恣意的に決めた価格ではなく、炭素税という同じの条件の下で比較することが可能になります。

いろいろなものを比較して、どれがいちばん利益があるのか、どれがいちばん技術的にも可能性があるのかを各人が判断しながら、最終的には社会的に好ましい選択をしていきます。その結果として、需要サイドである節電や省エネがより進むのか、それとも供給サイドである太陽光や風力による発電がもっと進むのか、という問題になります。

太陽光や風力などは象徴的ですが、5年後、10年後にどの程度の技術になるか、どの程度のコストになるのかを、いまの段階で正確に判断することは非常に難しいでしょう。しかし、現実に経済が動いていくなかで、少しずつ生産者や需要者が調整するということが、重要になってくると思います。需要と供給と価格を組み合わせて考えることによって、地球温暖化問題に対する対応も少し視野が広がるのではないでしょうか。

日本が忘れていたデマンドレスポンス

日本では長い間、電力の安定供給ということがいわれてきました。電力というのは需要に応じた供給が提供されないと、需給に大きなギャップが生じてしまい、供給不足は単に電力の供給不足が起こるというだけではなく、ブラックアウトというかたちで突然大型の停電を引き起こす可能性があります。これが電力の問題では難しいところで、そういうことを起こさないために、常に需要に応じて供給を提供することが電力会社の非常に重要な使命でした。

これまで電力業界で強調されてきた安定供給という考え方は、とにかく需要は伸びていくわけだから、それに応じて供給を提供しなければいけないということで、原子力発電所をどんどん建設して供給能力を高めてきたわけです。

そこで登場するのが先に述べたデマンドレスポンスです。つまり、需要に応じて供給を増やしていくというのではなくて、供給に制約があるのであればそれに応じて需要を調整することも可能であり、必要ではないかということです。これは、日本には欠けていた視点かもしれません。

日本はとにかく安定的に発電所を増やして供給を増やせばいいと考えてきました。しかしここに至って原発のリスクが表面化し、さらには急速に太陽光や風力のような再生可能エネルギーを増やすことは難しいということになってくると、場合によっては限られた電力供給の中で需要をどうやって調整していくかということが必要になってくるかもしれません。

デマンドレスポンスは、今後のエネルギーあるいは電力のシステムを考えるうえできわめて重要なテーマだと思います。ご存じのように、電力というのは普通の商品と違い、時間によって消費量が違います。みんなが眠っている深夜には電力利用は非常に少なく、人々が朝6時、7時に起きはじめて一斉にいろいろなものを使い出すと、突然利用が急増します。

あるいは、秋や春の非常に気候がいいときの需要は少ないのですが、真夏の甲子園で決勝戦があるときには非常に増えます。北海道でいえば、真冬の寒い日の夜は電力需要が非常に増えるわけです。そうした需要のピークを抑えていくだけでも、日本の電力の需要は非常に抑制されるのです。ピークの需要をどうやって減らすかを考えるためには、ピーク時の電力料金を上げる、あるいはピーク時の電力を節約するような仕組みをつくっていくことが重要です。

電力システム改革の中で電力の小売自由化をするということは、需要サイドで電力の需要を大きく調整することが可能になるということです。アメリカなどでは電力調整をする会社がお客さんのところを回って、ある機器を家庭のエアコンにつけてもらっています。その機器を家庭のエアコンにつけてくれれば商品券をさしあげます、というような勧誘をしているのです。この機器は、その地域の電力の需要が急増し、電力供給が厳しくなりそうなときに、自動的に家庭のエアコンの温度を２℃上げるという調整をするものです。

エアコンの温度を地域の利用者が一斉に２℃上げてくれれば、それだけで電力需要の節約になるので、こういうものをビジネスの専業にしているデマンドレスポンスの会社もあるのです。これまでこうした対応があまりなかった日本にとっては、需要サイドの調整をいかに有効にしていくかということが問われるわけです。電力システム改革の中には、そういう面もあるということを述べておきたいと思います。

第3章

魚の目――経済の潮目を読む

魚の目にも、3つのポイントがあります。

まず1つは、長期のトレンドを見ることです。その方向性を常に忘れず、そこに立ち戻って議論をすることが大事です。経済は大きなトレンドを見る限りにおいてはかなり予測可能であり、高齢化や人口減少、国際化という視点で、常に経済を見る軸を調整することが第1のポイントです。

第2はそれとも関係しますが、過去の歴史からの大きな流れを常に意識しておくことです。この章では、産業構造の変化や人々の資産運用方法の変遷を例にとりながら、時代とともに起こってきた変化について少し詳しく触れます。そうした過去の動きをしっかり見極めることによって、足もとの変化も理解でき、将来を考えるための下地にもなります。

最も重要なのが、第3のポイントです。それは、いま実際に足もとで起こっている変化のツボを押さえることです。私たちのまわりでは日々いろいろなことが起こっていますが、そうした多様な変化の中心で何が起こっているのかを、自分なりに理解することが重要です。では、順番に説明していきましょう。

1　長期のトレンドを見る

長期のトレンドは当たり前の事実から

第1の「長期のトレンドを見る」というのは、いうまでもなく重要なことですが、それほど難しいことではありません。まず、10年後、20年後の日本経済を想像してみると、はっきりしている事実がいくつかあります。その1つは、高齢社会がさらに進んでいくということです。これは、出生率や長寿化のトレンドから導き出される論理的帰結です。

全体の人口に占める高齢者の割合が増えていくのですから、社会保障制度や産業構造、あるいは日本の財政の仕組みについては、高齢社会を前提にして考えなければ議論さえできない面がたくさんあります。

ところが我々は、えてして現在の状況を前提として考えてしまい、高齢社会といっても何とかなるのではないかと希望的な予測をしがちです。しかし、冷静に考えてみると、これだけ急速に少子高齢社会になったということは、日本の経済や産業、社会のかなり大きな変化が必要になるはずです。そういうことを人よりも早く見極めることができるかどうか、それが重要になります。

実際、地方ではかなり顕著に人口の減少が見られます。例えば秋田県では、今後20年で人口が25%程度減少すると予測されています。また、人口10万以下の市町村では、すでに急速な人口減少が始まっています。つまり、子どもの数が少ないだけではなく、労働人口が周辺の大都市に移っていくことによって、都市としての機能がほとんど失われると考えられているのです。

こうした実情を見ていくと、地域の経済を活性化させるということは、口で言うほど簡単ではないということがわかります。それに対してすぐに適切な答えがあるわけではありませんが、足もとの経済問題を考える場合、人口減少、少子高齢という長期トレンドをしっかりと頭の中に入れておくことが必須の要件です。

人口減少が日本経済にとって厳しい要件であることは確かですが、同時にプラスになるような側面もないわけではありません。例えば農業です。

日本の農業の特徴は、多くの農民が非常に狭い農地を分け合っているところにあります。そのため、農業だけで生活することが難しくなり、農業以外に収入を求めながら兼業的に営農している農家が多くなりました。戦後の工業化、都市化の波の中でも日本の人口は増え続けてきたこともあり、農村部にそれなりの人口が残りました。だから、兼業型の農業によって生活を支える人が多かったのです。これがいま国際競争にさらされて非常に厳しい状況になり、補助金や関税保護によって何とか守ろうという試みが続いています。

これも重要な問題ではあるのですが、では10年後、20年後の日本の農業の姿を考えるとき、どういうことが予測されるでしょうか。明らかなことは、日本の農村人口が大幅に減少するということです。

農業地域で農業を継ぐ次世代の人口が減っているだけではなく、農村の人口が都市にどんどん移っていくということが起こっています。このことは、農村地域の過疎化が進み、好ましくない事態ともいえますが、実はこうした調整を通じて、農民1人当たりの耕地面積が増えていく可能性があります。農業の生産性は土地の広さと深くかかわっていますから、農家1戸当たりの耕地面積が増えることで、産業としての農業がグローバル環境の中でも競争力を持つようになるかもしれません。

アメリカやオーストラリアのように巨大な国土を持つ国は別として、日本と同じような国土面積であるデンマークやオランダ、フランスなどの農村地帯に行くと、広大な農村地帯が広がる一方で、住居はごくわずかしか見当たりません。多くの住居が農地の中に散在している日本とは、かなり違う姿になっています。

もし日本の農業の将来像を想像したければ、ヨーロッパの農村地帯に行ってみるのが早道かもしれません。つまり、農業人口の減少には好ましい面もあることは事実で、大切なことはそれほど大きく人口構造が変わるのだということをしっかり認識して、将来の日本の姿を描いてみることです。

長期のトレンドで考えるべきことは、ほかにもあります。例えばグローバル化です。とりわけ、アジア近隣諸国の経済規模が拡大することの意味を考えておく必要があります。お隣の中国は、10年前は日本のGDPのおよそ3分の1でしたが、この10年で日本を超えるところまできました。つまり、10年で中国の経済規模は約3倍になったわけです。

それだけでなく、さらに重要なのは、中国国内ではこの10年の間に、米ドルで年収5000ドルから3万ドルの中間所得層あるいは富裕層（富裕層は年収3万ドル以上を指します）が、およそ8倍に膨れ上がっていたことです。

中国では、あたかもオセロゲームのようなことが起きたのです。10年前の中国には、貧困層という石がいっぱい並んでいましたが、経済規模が3倍になるなかで、貧困層が中間所得層、富裕層に変わっていきました。そして、国全体の経済規模は3倍にしかなっていないのに、中間所得層や富裕層の数は8倍になっているのです。

つまり、アジアの成長という現象は、ＧＤＰが拡大するということでもとらえられますが、日本にとってさらに重要なのは、アジアの中間所得層の数が急速に膨れ上がっているということです。

ちなみにあるシンクタンクの調査によると、過去10年間にアジアで中間所得層、富裕層が約8億人増えており、今後10年の間にさらに10億人増えるといわれています。

こうしてアジアの近隣諸国の経済規模が大きくなり、貧困層が中間所得層になることによって購買力を持った人が増えることが、日本の経済やビジネスにどういうインパクトを与えるかをよく考えておく必要があります。

アジアの成長がこれからますます顕著になってくることは、これまでも繰り返し新聞や雑誌などで取り上げられてきました。重要なのは、そういうことを自分の経済を考える思考の中で常にしっかり咀嚼して、自分の周辺で起こるさまざまなことを、アジアの成長に照らし合わせて検証する能力を持つことなのです。

トレンドを知っているだけでは役に立たない

企業の経営においても、こうした長期のトレンドをきちっと織り込んで行動しているかが、業績に大きく跳ね返ってくる場合が多くあります。

代表的なケースとして、ユニ・チャームという会社があります。もともとは日本国内で成長してきた中堅企業ですが、10年以上前からアジアの消費者の購買意欲は必ず上がっていく、しかもアジアというのは日本から非常に近いところにあると認識し、このトレンドに乗って積極的にアジアビジネスを展開し、いまやアジアを代表する紙製品の会社にまで成長しました。

つまり、長期のトレンドをしっかり踏まえたことが、四国のローカルな企業から脱皮して、グローバルカンパニーとしての成長を遂げる大きな原動力になったのです。

誰もが、アジアが成長する、グローバル化が進展するということは頭の隅ではわかっていて、会話の中で話題にのぼれば持論をぶったりもするでしょう。しかし、それが骨身に染み込んで、日々の思考や行動の中にしっかりと反映されていることが重要なのです。

ＩＣＴ（情報通信技術）のトレンドも重要です。この5年、10年の我々の生活や社会のあり方、あるいは産業の変化を見れば、このＩＣＴの革新がいかに経済や社会を変える大きなトレンドであるかは明らかであり、実際これにうまく乗って急速にビジネスを展開していった企業は少なくありません。

書籍やＣＤをはじめ多くの商品の物流を変えつつあるといわれているアマゾン・ドット・コム、インターネットビジネスやスマートフォンビジネスに大きな変化を起こしつつあるグーグルやアップル、人々の生活スタイルに入り込んでＳＮＳを広げていったフェイスブック等々、こうした企業の活動を見ると、決して１人の天才の思いつきだけで何かを起こしたというのではなく、やはりＩＣＴが社会や経済を変えるのだという、大きなトレンドに対する信念をもとにビジネスを立ち上げたことがわかります。

残念ながら日本では、そうしたかたちで大きな成功を遂げてきた企業は限られていますが、それでもこうしたＩＣＴの変化が日本の経済や社会を大きく変えていくのだという認識は多くの人々に共有されており、これからのビジネスを考える上できわめて重要になってくることは間違いありません。

私が特に注目しているケースの１つが、アマゾンです。アマゾンが非常に興味深いのは、インターネットやスマートフォンという武器を手にすることによって、豊富な品揃えを実現し、なおかつそれらを非常に簡便に消費者に届けられる仕組みを構築したことです。しかも、日本の場合には大変レベルの高い宅配システムや物流システムがあり、彼らはそれにやすやすと乗ることができました。それによってごく短期間で、大型の小売業を凌駕するような価格と品揃えとサービスの仕組みがいま構築されつつあります。

多くの小売業やビジネスは、アマゾンが展開しているようなビジネス——つまり直販やインターネットの活用、あるいは実際に商品をデリバリーするということ——を無視しては活動できなくなりました。こうしたトレンドは10年以上前から見えていたにもかかわらず、多くの日本の企業はそうしたトレンドに目をつぶっていたのか、あるいは考えに入れてこなかったのでしょうか。

つまり明白な長期のトレンドの重要性を軽視していたことが、結果的にいまの日本の状況を生み出したのです。長期のトレンドの重要性を、まさに反面教師の立場から教示しているのが、現在の日本経済であるといえます。

方向性をたしかめながら足もとを見つめる

長期のトレンドを見ることの重要性と、それを怠った場合の結果を理解していただけたと思います。私が、こうしたことを深く考えるきっかけとなったある出来事があります。

数年前、中国・北京での会議に招待されたことがあります。そのときの会議の主催者は、中国の国務院という政府の機関と世界銀行でした。世界銀行と中国の国務院が共同して、２０３０年の中国経済のあるべき姿というレポートを書き、そのレポートについてのコメントを世界の何人かの専門家に求める、という会議を北京で開いたのです。

当然、そのレポートを読んで北京に向かったのですが、レポートを読んでいて非常に面白いと思ったのは、そこに書いてある２０３０年の中国の姿は非常に明快だったことです。

３点ほど記憶にあるものを取り上げてみると、１つ目は人民元あるいはそれにかかわる中国の金融システムについては完全に開放してグローバル化の流れに乗せる、という記述。

２つ目は環境政策です。CO_2の削減、あるいはその他環境汚染に対する対策は、中国が持続的に成長する上できわめて重要な政策であるから、２０３０年までには大きな成果を挙げると書いてありました。

３つ目は、これも中国の社会構造を考える際に重要なカギとなる、いわゆる戸籍制度の問題です。中国の人々は戸籍に縛られており、田園地帯の住民が都市に移住しようとしても、戸籍上の制約があっていろいろな問題が起こっています。逆にいえば、人々が自由に移動できないことが、中国の社会の安定にも寄与しているわけですが、現在では戸籍の制約が社会問題になっています。このレポートでは、戸籍制限は撤廃する、つまり国内の人口の移動を自由にするということが書いてありました。

2030年というやや長いスパンで見ると、いまいったようなことを推進することに異議を唱える余地はほとんどありません。人民元を自由化しなければグローバル経済の中ではやっていけず、環境問題が自らの首を絞めることは明白です。戸籍制度のように人の移動を制限する制度も、中国が世界の一流国になるためには足かせとなるでしょう。

しかし、現実問題としていま中国がこれらの問題に対して有効な手段をとっているかといえば、それにはクエスチョンマークが付くでしょう。環境劣化は甚だしく、人民元についてもその介入や規制に国際的な批判を浴び、戸籍制度も社会にいろいろな問題をもたらし続けています。こうした問題が生まれてきたことにはそれなりの理由があるのだから、改めるべきだとはわかっていても、それを行うことは決して容易ではないでしょう。したがって、2030年に向けた改革がうまくいくかについては、不確定性は少なくないといえそうです。

しかしそうではあっても、2030年というやや長いスパンで見れば、この方向にいかざるを得ないということは明らかであり、少なくとも中国の国務院は、そのことを自ら明らかにしたのです。自ら明らかにしたこと自体が、これから中国のいろいろな改革を考えるときに重要なメッセージになることは間違いありません。

つまり、現状はともかく、遠い先の大きな流れを見ておくことは、一人ひとりが経済をどう見るかというところから始まって、企業が経営戦略をどう組み立てるか、さらには国家全体がどこに向かって動いていくのかというところまで、さまざまなレベルで非常に大事であることは理解していただけると思います。だから、長期トレンドを見るということは、魚の目の中でも重要なポイントなのです。

2　歴史からトレンドを見る

インフレには気をつけよう

本書の冒頭でも書いたように、経済は常に変化を繰り返しています。その変化がどの方向に向かっているかに注目すると、その時代ごとの経済がよく見えてくることがあります。人間は往々にして直近の4～5年に見た光景を前提に、物事を解釈しがちです。しかしそれでは、社会の大きな変革期には読み誤りをする場合が少なくありません。

十数年も前のことですが、高校卒業30周年の同窓会がありました。そこで幹事から講演を依頼されたので、喜んで引き受けました。与えられたテーマは「老後の安心について」。まだ五十代にもならないのにそのテーマはどうかとも思ったのですが、いろいろ考えた挙げ句、次のような話をしました。

冒頭で私は、「これから話すことを真剣に聞いてほしい。そうすれば、将来、必ず私に感謝してくれるだろう。でも、もし今日の話をいいかげんに聞いていたら、後できっと後悔する」と脅かして、話を始めました。

その内容を一言でいえば、「インフレには気をつけよう」というものです。当時の日本経済はインフレどころか、バブル崩壊後で景気は回復せず、そろそろデフレの長期化を警戒する声も出はじめたころでした。一般的な認識では、インフレなどを気にするような時期ではなかったわけですが、そういうときにインフレには気をつけよう、などという話を始めたので、少なからぬ違和感を持って聞いた人も多かったことと思います。

まず私は、我々が大学に入った1973年当時を思い出してほしいと言いました。1973年は、日本経済にとって非常に大きな変化があった年です。第1次石油ショックで日本に石油が入ってこなくなり、いろいろなものの値段が急上昇しました。国民経済はパニックとなり、スーパーマーケットから洗剤やトイレットペーパーが消えるというような現象が連日ニュースになりました。

また、この年には為替の固定相場制が崩壊し、日本も変動相場制に移行していく時期であり、それまで１ドル３６０円だった外為市場では一気に円高が進行し、それによって経済には大きな混乱が生じました。結局この年は、１年間で消費者物価がおよそ23・２％上昇しているので、大変なインフレだったわけです。当時、マスコミの間で飛び交った言葉を使えば、まさに「狂乱物価」が日本列島を襲ったのです。

当時私は、暇があると喫茶店に飛び込んで、コーヒーを飲みながら本を読むのが大好きでした。大学の近くの喫茶店で１杯80円だったコーヒーで、１時間も２時間もねばっていたものです。ところが、ある日その店に行くと、80円のコーヒーがいきなり１５０円になっていました。私は怒りましたが、まさにこれこそがインフレだったわけです。

話を戻すと、もし自分たちがその時点で65歳を過ぎた高齢者だったならば、きっとかなり大変なことになっただろうということです。

その年齢であれば、会社をリタイアして老後の生活に入っています。当時はまだ投資が一般的ではなかったので、現役の時代の蓄えも、そのほとんどは銀行や郵便局への預貯金でした。老後の生活を支えるために、何十年もこつこつ働いて貯めた預金に、23・２％のインフレが襲うということは、簡単にいえばその4分の1を失うことになります。

言い方を変えれば、100万円で買えたものが123万円でなければ買えないことになるのです。

さらにいえば、夜中に老人の家に忍び込んで、たんすの中の虎の子をこっそり盗んでいく泥棒がいたら何てひどいやつだと怒りますが、白昼堂々と人の家に乗り込んで、預貯金の23・2％を分捕っていくのがインフレなのです。実際に、当時高齢者だった人の中には、このインフレによって資産の価値を大きく棄損し、生活設計に大変大きな影響を被った人がいたはずです。

続けて私が、「今インフレが起こっているわけではないが、10年後、20年後にそういうことが起こらないという保証はないし、仮に起こったとしても誰も皆さんの生活を守ってくれないのだから、自分で守る必要がある」と話すと、同級生たちの中には不安そうな表情が広がりました。そこで今度は、大丈夫だと火消しに転じました。「別に明日の朝起きたらインフレになっているわけではなく、起こるとしてもまだ少し時間がかかる。だからそのために備えたほうがいい」と。

するとたちまち、「では、どういう資産運用をしたらいいのか」という質問が返ってきたので、それに対しては、「あまり性急に答えを得ようとせずに、経済にかかわる講演会などに頻繁に足を運び、世の中の見方をしっかりと身につけることが大事だよ」と話しました。読者の方々が本書のような経済の見方についての本を読むことの意味は、こういうところにあるのだといえます。

結局国民は「魚の目」を持って行動していた

ここで私が言いたかったことは、長い時間の流れの中で日本もインフレやデフレを経験してきたのですが、そういう経済の変動が私たち国民の行動パターンにも非常に大きな影響を及ぼしていることを知っておく必要があるということです。

１９７３年に狂乱物価と呼ばれるような物価の急上昇が起こりましたが、その後も70年代の間に物価は非常に上がりました。そして、80年代には株価や不動産価格が上昇を始め、80年代後半にはのちにバブルといわれるような驚異的な株価や不動産価格の上昇が起こりました。こうなると、日本の国民も賢くなり、ある意味で「魚の目」を身につけるのです。

物価が上がり、株価や不動産価格も上昇していくときには、こつこつ預貯金を貯めておいても相対的に価値が下がってしまいます。家に投資したり株を買ったりしたほうが利益は高くなります。そこで、家の価格が高くなる前にできるだけ早く、少し無理をして借金をしても、住宅を買ったほうがいいと考える人が増えます。しかし、こういう動きが増えれば増えるほど、それがますます不動産価格を押し上げる結果になります。

株価や物価や不動産価格が上がっていくなかでは、そうした行動は結果的には好ましく、多少無理をして住宅ローンを借りても、少したてば物価が上がり、所得も上がり、無理をして購入した住宅の資産価値も上がっていきます。少し目ざとい人であれば、値段が上がった不動産を売って、さらに価値の高い物件に買い換えるということもあったでしょう。でも、実はこういうかたちで日本は、1980年代の後半にいわゆるバブルの時代に突入していくのです。

ところが1991年にバブルは急速に終わりを迎え、株価の暴落から次の時代が始まります。不動産価格は株価の暴落から2~3年遅れて、大きく下落を始め、明らかに日本経済は大きく方向転換します。すると、今度は一転、借金をして家を買ったはいいけれども、家の価値は下がり売るにも売れない。それでも借金を返し続けられればいいが、景気が悪くなってくると残業代も出なくなり所得も増えるどころか減っていきます。場合によっては、会社が倒産して収入がなくなる人もいます。

このように、1980年代のバブル期には借金をしてでも家を買うことが合理的な行動のように思われましたが、90年代のバブルの崩壊後――特に金融危機が起こるころになると、むしろそういうことをしないことが合理的な結果になってきました。

この時代になってくると、なるべく無駄なお金を使わずに、余裕資金を預貯金に入れておくということがいちばん合理的であるという結果になったのです。預貯金にお金を預けておいても、金利はほとんどつきませんが、物価が下がっていくので、その結果として資産の実質的な価値が増えました。

ここまでが、バブル崩壊からつい最近まで続いたデフレの時代までの日本国民の行動パターンでした。預貯金を貯め込むことは、日本の景気にとっては決して好ましいことではありませんが、個人の行動としては非常に合理的であったわけです。預貯金でお金をしっかり持っていたことが結果オーライでした。

結果オーライには、2つの意味があります。1つは物価が下がっていったために、預貯金の円で見た価値がしっかりとキープされていました。もう1つは、その間の為替レートは円高方向に向かっていたために、円で持っていた国民の貯金を外貨で評価しても価値が棄損していませんでした。したがって、新興国から入ってくるユニクロで売っているような商品も安く買え、海外旅行も可能だったのです。

しかしここに至って、過去20年の間に定着した考え方が正しいのかをもう1回確認すべき時期にきていると思います。

いまこの原稿を書いている2014年から2～3年前の状況を見てみると、物価は1％ずつ下がり、株価や不動産価格も非常に低迷しています。まさにデフレ的な状況が続いたわけですから、先ほどいったように預貯金に資産を集中することが好ましいように思えました。しかし、日本銀行総裁が約束しているように、近い将来、物価は2％で上昇していきます。というよりも、すでに物価が2％上昇に向かうような金融緩和をしているために、株価や不動産価格も上昇基調になっています。金利がこれからどうなるかはわかりませんが、それなりに上がっていくことが予測されます。

利子がほとんどつかない普通預金を持っている人にとって、物価が毎年2％ずつ上がっていくことは、預貯金の価値が毎年2％目減りしてしまうということになります。そんなことが5年も続いたら、資産価値が十数％目減りしてしまうことになるので、合理的に考えれば資産のすべてを預貯金ではなく、もう少し価値が上がりそうな株式や投資信託、あるいは不動産関連資産などにシフトしていく、あるいは将来円がさらに安くなっていくとすれば、資産の一部をドルやユーロなどの外貨建てにするということもあるかもしれません。

いまの日本で起こりつつある〝デフレからの脱却〟という次のステージへの変化によって、国民の生活も大きく変わっていくと予想されます。それによって資産形成にどのような影響が及ぶのかは、経済学者として非常に関心がありますし、一人ひとりの国民の方々にとってもきわめて重要なことだと思います。

軽工業で復興し、重工業に展開

ここまでは、過去20年から30年の間のインフレ、デフレ、あるいはバブルなどを通じて日本の経済の変化をどう見たらいいかを解説しましたが、経済を見るときにはそうした変化の方向性が常に重要になるということを、別の角度からお話ししたいと思います。

それは、日本の産業構造の変化です。日本の産業は常に大きな変化を続けており、産業がどちらの方向に変化していくかを考えることそのものが、経済を見る上で非常に有益な視点を与えます。

第2次世界大戦後に限ってみても、日本の産業にはいくつかの重要な転換点がありました。特に強調したいのは、1970年代の第1次、第2次石油ショックと85年から始まる大規模な円高の動き、そして90年代の初めに起こったバブルの崩壊です。そして現在起こりつつある、次のステージへの産業構造の転換についても考えてみたいと思います。

第2次世界大戦直後に日本経済を支えてきたのは、軽工業でした。繊維製品はもちろん、新潟県などで生産されたシルバーウェアのような洋食器、あるいは日本の定番商品としてアメリカでもよく売れたブリキのおもちゃ、こうしたものが戦後の日本経済を支え、これが大量に輸出されることによって、日本経済が少しずつ復興していったのです。

日本の産業構造を理解するときに重要なのは、こうした軽工業中心の産業構造が1960年代以降急速に、いわゆる重化学工業にシフトしていったことです。日本の代表的な重化学工業であった鉄鋼や造船、あるいは石油化学と、アルミ精錬などの産業が、60年代以降急速に成長します。

1960年から73年までの時期を日本の高度経済成長期と呼ぶことがありますが、この時期、日本の経済は年率10％を超えるようなスピードで成長を続け、それが今日の先進工業国日本の基礎をつくったのです。その原動力となったのが、先ほどいった鉄鋼や造船、石油化学のような重化学工業でした。

当時の光景でいえば、太平洋から瀬戸内海、北九州にかけてのいわゆる太平洋ベルト地帯といわれる地域に、大型の港や鉄鋼の工場、あるいは石油化学のコンビナートのような重厚長大ものが次々につくられ、海外から安い石油や鉄鉱石、石炭などを大量に輸入して、それを日本の国内で加工したものが一部は海外に輸出され、残りは国内の建設に使われて、成長を牽引したのです。

象徴的なことを1つ挙げると、1964年に東京オリンピックが開かれましたが、そのイベントを目指して新幹線が開通し、高速道路も一部開通します。オリンピックが終わった後も、60年代には日本の国内で社会資本投資やさまざまな建設需要の中で経済が成長し、そしてまた重化学工業によって産業化が進められてきたのです。

日本の産業構造を変えた石油ショック

こうした重化学工業を中心とした日本の産業構造が大きく転換する、1つのターニングポイントになったのが、1973年と79年の2度にわたって起きた石油ショックです。

第1次石油ショックはエジプトとイスラエルなどの中東戦争、第2次石油ショックはイランで起こった革命を背景にしています。結果的に石油価格は5倍から10倍に跳ね上がり、資源全体の価格が上がってしまいました。国内に資源がなく、海外からの石油や鉄鉱石の輸入に頼ってきた日本の経済は、そこで非常に厳しい状況になったのです。

当時よく使われた言葉に、「重厚長大から軽薄短小へ」というものがありましたが、軽くて薄くて短くて小さい産業に急速にシフトしていかざるを得ないというのが、日本の現実でした。

転換の途中で、日本経済は非常に厳しい調整を迫られました。一時的には国民経済全体が深刻な影響を受けたのですが、結果としては重厚長大から軽薄短小にシフトしていくことによって、日本は次のステージでの経済的繁栄の礎をつくることができたのだと思います。

そこには、いくつかポイントがありました。1つは、石油ショックでエネルギー価格が上がっていくことをベースに、日本の省エネや環境対策技術が急速に進んでいったことです。資源価格やエネルギー価格が高くなったわけですから、省エネを進めていかなければ日本の企業は生きていけません。したがって、ある意味で当然といえば当然なのですが、こういう対応をすることで、結果的に世界で最もエネルギー効率がいいといわれる日本の産業基盤をつくりあげていきました。

もう1つの大きな変化は、重厚長大から軽薄短小に変わっていくことによって、そこから次なる日本のリーディング産業が出てきたことです。それがエレクトロニクスや精密機械などであり、非常に輸出競争力が強い産業が出てきました。

日本は一貫して輸出大国だったと誤解している人もいるようですが、実際には1960年代の高度経済成長期はむしろ内需型に近く、鉄鋼や石油化学のような産業が日本の経済を引っ張ってきました。70年代の石油ショックを受けて以降は、エレクトロニクスや精密機械が日本の成長を引っ張りますが、こうした産業によって日本は輸出大国に大きく踏み出すのです。

こうして1970年代以降、日本からアメリカやヨーロッパに向けた輸出が急速に伸びていくなかで経済が発展していきますが、ここで日本は非常に大きな2つの問題に直面します。1つは、こうしたなかで為替がどんどん円高に進んでいったことです。石油ショックが起こる2年前には、固定為替レートで1ドル360円だったものが、70年代の末には175円になるという急激な円高が進行します。

そこで、円高の中でも国際競争力を維持するために、日本の産業はより高い生産性を追求した技術革新や生産革新を進めていくのですが、円高と産業競争力はいたちごっこのようなところがありました。そんな日本にとって特に大きな転換点になったのは、1985年のプラザ合意という出来事です。

1980年代前半は、円は比較的安く推移し、1ドル240円から250円という水準で動いていました。そんななか、アメリカはこうした円安ドル高を容認できない状況に追い詰められていきます。アメリカ製品の輸出価格の高どまりが続くことになったからです。

アメリカは円に対してだけでなく、ヨーロッパの通貨に対しても高くなっていたため、これを是正するために世界の主要国が集まって調整が始まります。これがG5という枠組みになり、のちには参加国が増えてG8になります。

この主要5ヵ国（日本・アメリカ・イギリス・西ドイツ・フランス）の首脳がニューヨークのプラザホテルに集まって、ドル高の是正策について協議を行い、結果的に主要国全体でドル高を是正することが好ましいというプラザ合意にたどりつきます。

その結果、急速に円高に動きはじめ、プラザ合意の直前には1ドル240円くらいであった円ドルレートは、それからわずか3年後の1988年には1ドル125円という急激な円高、ドルから見ればドル安にシフトしていくのです。

これだけの大きな為替の変化は、当然、日本の産業に非常に大きな影響を及ぼしました。結論からいうと、日本の国内で生産して海外に輸出するだけでは競争力や採算と見合わないということで、日本の企業が真剣に海外に生産拠点を展開することを考える大きなきっかけになっていくのです。

実はこの時期に日本の産業構造を転換させる上で大きな影響を及ぼしたのが、アメリカやヨーロッパとの間で深刻化していく貿易摩擦でした。日本からアメリカやヨーロッパに、価格競争力のあるテレビや工作機械、自動車がどんどん輸出されていくことで、アメリカやヨーロッパの産業界が疲弊していきました。当然のことながら、それに対して輸入を制限しようという動きが出てきたのです。

日本の政府や産業界は、こうした貿易摩擦の深刻化を避けようといろいろな対応策を展開していき、一時的には輸出の自主規制という対応まで行いました。しかし、長期的には日本でつくったものを輸出するだけでなく、アメリカやヨーロッパで現地生産することが模索されます。つまり、メイド・イン・アメリカ、あるいはメイド・イン・ヨーロッパの日本製品をつくるということを進めていったのです。

いずれにしても、この円高と貿易摩擦によって日本の産業構造は大きく転換し、海外で積極的に工場を拡大して成長していくという道にシフトしていきました。特に自動車産業でこうした展開が成功し、トヨタ、ホンダ、日産など日本を代表する自動車メーカーが、次第にグローバルカンパニーとして大きな存在感を示すようになっていきます。その後も紆余曲折はありましたが、1985年以降の国際展開とグローバル化の流れの中で、自動車を中心とした産業構造ができあがっていくのです。

基本的な厳しさは変わらない日本の輸出企業

さて、長々と日本の産業構造の歴史的な転換を書いてきたのは、現在は次の大きな転換点にきている可能性があると考えるからです。いまこそ「魚の目」をフルに開いて、足もとで起きつつある産業構造の転換——とりわけ日本の製造業がどの方向に向かおうとしているのかについて、私がいま考えていることをお話ししたいと思います。

非常に重要なこととして、アジアの近隣諸国が急速に成長していくなかで、これまでのように日本国内で生産して海外に輸出するという旧来のビジネスモデルがますます厳しくなっていることを、まず指摘したいと思います。

最近でこそ少し元気になってきましたが、日本を代表する家電メーカーであるパナソニックやシャープ、あるいは吸収合併となった三洋電機のようなメーカーが、台頭する韓国のサムスン、LGのような企業に敗れたのはどういうことなのかを考えてみましょう。

以前、ある家電メーカーの経営者に見せてもらったデータを、いまでも鮮明に覚えています。なぜサムスンのような企業が、日本の家電メーカーに比べて競争力が強いのかを、日本の企業サイドから丁寧に調べてつくったレポートでした。

その中には、日本の企業が強い面もあれば、韓国のサムスンのほうが強い面もあるのですが、ある項目に至って、これはどうにもならないと感じました。それは、サムスンの人件費は日本メーカーの人件費の半分であるという数字です。

これはある意味当然で、当時は現在よりもウォン安だったことも影響していますが、韓国の１人当たりのＧＤＰは約２万３０００ドルだったのに対し、日本の１人当たりのＧＤＰは約４万５０００ドルでした。１人当たりのＧＤＰは、その国全体の所得を人口割にしたものですから、乱暴な言い方をすれば１人当たりの人件費にほぼ匹敵すると考えることもできます。

つまり、マクロ経済で見ると、韓国の１人当たりの所得は日本の半分なので、そういう人たちと同じレベルで競争したら、なかなか厳しいと考えざるを得ません。

それでもかつては、日本企業は韓国や台湾のメーカーに比べて圧倒的な技術面の優位性があり、賃金格差を跳ね返すだけの競争力がありました。しかし、周辺の国も日本と同等に近い技術力や生産能力を蓄積してきたことにより、仮に韓国企業が日本企業の８割程度の生産能力や技術力であったとしても、もし韓国の人件費が日本の人件費の半分であれば、日本の企業はなかなか太刀打ちできなくなります。

こうしたことが、おそらくこの5年、10年の間に日本の製造業の中でじわじわ起きてきたのだと思います。もちろん、安倍内閣が発足してから為替が大幅に円安の方向に動いたわけですから、こうした状況は多少改善されて、日本の輸出企業は業績を回復していますが、しょせんは構造的な所得格差の問題があるので、日本のように非常に高い所得を期待されている先進工業国の場合には、同じ条件で近隣にある新興工業国と競争することが難しくなっていくことは変わらないと思います。

そこで日本の企業は、どういう方向に向かいつつあるかといえば、家電や自動車はますます、日本でつくって海外に輸出するという旧来の輸出モデルから、より消費地に近いところで生産してそこで売るという方向にシフトしようとしていると思います。

自動車がわかりやすいのですが、ヨーロッパで売る自動車はヨーロッパでつくる、アメリカで売る自動車はアメリカでつくるというようにグローバル展開することによって、グローバル市場での競争に勝ち残ろうとしています。これは日本企業だけでなく、ヨーロッパの企業もアメリカの企業も韓国の企業も同じように志向しており、そういう競争になれば日本と韓国の人件費の違いは重要ではなくなっていくわけです。

いずれにしても、これまで日本の雇用を支えてきた自動車や家電産業のような製造業が、大変な勢いで海外にシフトしていくということが起こっているのです。

現在、こうした変化が日本の空洞化を引き起こすかどうかが問われています。私がぜひ指摘したいのは、空洞化というような単純なことが起きているのではなく、これまでにないような新しいかたちで日本の産業構造が次のステージに向けて動こうとしているということです。

結論からいえば、自動車や家電のような最終製品のかなりの部分は、マーケットが拡大している海外のほうにシフトしていく。しかし、その中でグローバル化が進めば進むほど、国内では中間財や資本財のウェートが高くなっていくと考えられます。なぜなら、中間財や資本財は、技術力でのリードや差別化を行いやすいので、賃金格差などを跳ね返して国際競争力を持てる可能性があるからです。

新興国でつくられる日本製品の中身は？

私の東大の同僚の経営学者である新宅純二郎教授から興味深い報告を聞きました。彼は、日本のメーカーが展開しているインドや中国の工場で、何が起きているかを細かく調べました。インドでは、日本のメーカーが、インドの部品や材料を使い、インドの労働者を使って日本のオートバイをつくっています。これだけ見ると、日本からインドへの輸出は増えず、むしろこれまで日本でつくってインドに輸出していたものが現地生産に置き換わってしまったということになります。

もちろんインドで挙がった利益を日本にもってかえれば、日本の利益という意味では分配にはなりますが、日本からの輸出は減り、なによりも日本の雇用が減ることになると、我々は考えてしまいがちです。

ところが経営学者の目で丁寧にインドの工場を見てみると、話はそう単純ではありません。たしかにインドでつくっている日本のオートバイにはインドの原料を使い、工場ではインドの従業員が働いていますが、オートバイの中心となるエンジンのような部品を製造する工作機械になると、ほとんどは日本製になるそうです。

このとき調べたのは、インドで100台のオートバイを生産すると、そのうちの何％が日本からの輸出分に当たるかということでした。つまり、工作機械がなければオートバイはつくれないので、それは日本からの輸出分とカウントするのです。すると、はじきだされた数字は約10％だったということです。

つまりインドで１００台のオートバイが生産されるとすると、そのうちの10台分の価値は日本からの工作機械などの輸出によって生み出されているということです。

この数字をさらに展開すると、日本で10万台しかつくれなかったものを、インドで１００万台つくることになれば、日本からインドへのオートバイの輸出はなくなりますが、工作機械のようなものの輸出によって、結局日本のインドに対する輸出は変わらない、という結果になるのです。

こういうプロセスを通じて、日本から輸出する産業は、構造的に大きく変わっていくことになります。

新宅教授は、中国にある日本の工場でも同じような調査をしたそうです。どのメーカーの工場が対象かは分かりませんが、私が行ったことのあるトヨタの工場に置きかえて話を続けます。トヨタの工場が中国の広州に出ていくと、その周辺にデンソーやアイシン精機、豊田織機などという会社が部品工場をつくります。こうして、中国でつくる日本車のほとんどの部品は中国国内で調達することになります。

工場長が、自分のところは原材料、部品の90％以上を周囲30キロ以内から調達する、と豪語していました。そうなると、日本国内での自動車の生産が縮小して日本の輸出は減ってしまうと誤解する人がいると思いますが、これもこの綿密な調査によるとそうとも限らないということがわかります。

例えば、中国で組み立てられている自動車は、現地でつくられた部品からできていますが、中国の工場で自動車を製造している、例えば溶接ロボットのほとんどは日本製なのです。また、中国の部品を生産しているデンソーやアイシン精機が中国で部品をつくっているとしても、その部品に使われている半導体も日本製です。

東日本大震災で茨城県ひたちなか市のルネサスという半導体工場が被災したとき、世界中の自動車の生産が一時ストップしました。これは、ルネサスが製造している半導体が世界中の自動車で使われていたからです。当然、中国でつくられている部品にもひたちなか市のルネサスがつくった部品が入っているでしょう。

あるいは、中国でつくっている部品の半導体は日本製ではなく、韓国のサムスンの製品かもしれません。でも、これもよく知られていることですが、サムスンの半導体や電子部品の素材の多くは東レや住友化学のような日本の素材メーカーがつくっているので、同じようなことが指摘できるのです。

こうして中国でつくられている工場の付加価値を足し合わせていったところ、結論として新宅教授が出した数字は、中国で生産している自動車の約30％の付加価値は日本から輸出されているということになりました。これは、さまざまな産業界の方々と話をしてみても、彼らの現場感覚とも合う数字だということです。

ということは、日本で10万台生産していたものを中国で50万台生産すれば、日本から中国への輸出はむしろ増えるということになります。ただし、そのときに増えてくる輸出の中身は自動車のような最終製品ではなく、部品や素材、あるいは資本財に変わっているわけです。

いよいよ始まった産業構造の転換

自動車とオートバイの例を使ってミクロ的な話をしましたが、実はマクロの経済でも日本でいま同じようなことが起きています。日本の国内で最終製品までつくるのではなく、中間財や原材料、あるいは部品や資本財というかたちの輸出が増えていくのではないだろうかということです。

かつての日本は、国内でつくった部品や素材、原材料、資本財を使って国内で最終製品をつくりあげて、海外に輸出してきました。つまり、日本国内だけですべての分業が完結していました。しかし、グローバル化が進むなか、近隣諸国にも日本と同等の技術をもって競争できるような企業が増えてくると、このビジネスモデルは成立しなくなりました。そして、結果的に分業が国境を越えて広まりはじめたのです。

つまり、日本企業が日本の中だけでものをつくるという時代は終わったのです。しかしそれは、日本の産業が弱体化したということではありません。むしろそういう転換の中で、本当に日本国内でやることが競争力となる分野である素材や部品、原材料、資本財というものが重要になってきているということです。

韓国勢の半導体の生産能力が伸びているということで、日本の半導体のメーカーは非常に厳しい状況に追い込まれていますが、おそらく韓国のサムスンの半導体工場に行けば、そこで半導体をつくっている機械はキヤノンやニコンの露光装置であったり、あるいは東京エレクトロンの半導体製造装置である確率が非常に高いわけです。ですから、日本のそういう資本財、製造装置がグローバルにかかわってくるということが、日本の産業構造を変えていくということになるのです。

先述したように、日本は、軽工業から重化学工業、重厚長大な重化学工業から軽薄短小な精密機械へ、軽薄短小からグローバル型の自動車産業にと、産業構造の転換を繰り返してきました。そして、いままた次の大きな転換点にきているのだと考えることができます。

つまり、日本の国内ではより差別化を図ったり特徴が出しやすい川上の中間財、資本財あるいは部品にシフトし、川下の自動車や家電のような製品はグローバルに出ていくという動きが見られるでしょう。しかし、もしそういう動きが順調であるとすれば、それは決して悪いことではなく、日本の今後の新しい方向性を示すものだと思います。

では、自動車や家電メーカーのような日本を引っ張ってきた有力メーカーが海外に出ていくことをどう考えたらいいのでしょうか。よく学生と話をするときに話題にするのですが、アップルという会社の例が面白いと思います。

最近は競合企業もだいぶ強くなり、アップルも一時の勢いはありませんが、iPodやiPhone、iPadが出たころ、アップルは独り勝ちの状況で世界中のマーケットを席巻し、非常に儲かっていました。アップルがあれだけ儲かった理由をよく考えてみる必要があります。

例えばアップルのiPhoneやiPadという製品を見ると、部品は世界中のいろいろな会社がつくっていました。日本のメーカーも、アップルに多くの部品を提供していたわけです。そして、そのアップルの製品を組み立てていたのは、台湾系のフォックスコンという会社で、中国で10万人以上の従業員を抱えて非常な低コストで生産しています。

そのアップルのiPodやiPhoneを、日本ではＮＴＴドコモやＫＤＤＩやソフトバンクが一生懸命売っています。厳しい言い方をすれば、アップルはすべて人のふんどしで勝負をしていながら、あれだけ儲かっているわけです。これはなぜかを学生と議論したときの私の答えは、非常に単純でした。それは、アップルがグローバルチャネルリーダーのポジションをとっているからだというものです。

グローバルチャネルリーダーのポジションをとっていることによって、アップルはこの産業の全体を支配しながら、非常に高い利益を挙げているのです。チャネルリーダーになるということが、グローバル、国内を問わず高い利益を挙げるために非常に重要なカギで、今後の日本経済にとって大事なのは、グローバルチャネルリーダーになれるような企業が、いくつ日本から育ってくるかということになります。

トヨタやホンダのような自動車メーカー、あるいはソニーやパナソニックのようなエレクトロニクスメーカー、あるいはキヤノンやニコンのような光学事務用機器メーカー、あるいは東レや帝人のような素材メーカーなど、いくつかすぐにグローバルチャネルリーダーになれる可能性のある企業の名前が浮かびますが、日本国内に閉じこもっていたのでは、おそらくだめでしょう。

グローバル市場に打って出て、世界の市場で競争できるだけの力をつけていくことが問われるわけです。したがって、いま自動車やエレクトロニクスのような企業が海外に積極的に出ていくのは、決して日本にとって悪いことなのではなく、日本の次の産業構造をプラスの方向に転じるために、重要な変化なのかもしれません。

将来の日本の産業構造について、希望的な観測を含め、やや楽観的な議論になったかもしれません。しかし、強調したいのは、いま起きていることを単純に空洞化だとか、あるいは日本の産業の競争力の低下だというようにマイナス方向だけに考えずに、実はこれまでとはまったく違った、新しい方向の動きが出てきているかもしれないという視点で産業構造の変化を見ていくことが大事ではないかということです。これが、産業を見る上での「魚の目」だと思います。

３　変化のツボを見る目

動き出したアベノミクス

さて、私自身が最も重要と考える、３つ目の「魚の目」について述べたいと思います。それは、いま起きている変化の中心に何があるのか、あるいはいま起きている変化のツボは何かを自分なりに確認することです。

経済というのは複雑な連立方程式のようなもので、いま実際に起きている変化の実態そのものをただ羅列したり、ニュースをただ追っているだけでは、大事なポイントを読み取れないことがしばしばあります。「まえがき」でも、「経済学は現実の経済の一筆書きでなくてはいけない」という言葉を紹介しましたが、これは複雑な物事を一筆書きのような単純な絵にして見せるということです。しかもそれが、変化の本質を表しているかどうかということがやはり経済を見る力ということになります。

2014年の年初は、アベノミクスの第2弾となる成長戦略がどうなるかが注目されていました。安倍内閣の発足前と発足後では、どこが変化のツボになっているか議論してみると、これはデフレというキーワードをベースに考えることがベストだと思います。

1991年にバブルが崩壊してから約20年、日本は〝失われた〟という時代を過ごしてきましたが、それが安倍内閣の政策によって大きく変わろうとしています。学生にはよくアベノミクスの金融政策で日本経済はルビコン河を渡ったと言っていますが、ルビコン河を渡るというのは、後戻りができない政策に踏み込んでいったということです。後戻りができないというのは、すなわちデフレには戻らないということです。

デフレからの脱却が、日本経済にどういう影響を及ぼすのかを考えてみると、デフレの時代に日本経済の特徴となったようなことを取り上げてみればわかります。最も重要なことは、物価が下がるということです。物価が下がるだけではなく、名目の所得や名目の生産額も減少し、賃金も名目値では下がっています。そうなると、家計も企業も守りに入り、消費や投資を抑えながら貯蓄ばかりを増やしてきました。それが景気を悪くし、景気が悪いから物価も下がる、物価が下がってくると名目金利が低くても実質金利は高くなってしまい、なかなか投資も増えにくい状況にありました。

ルビコン河を渡った日本経済は、まず物価下落が止まって上昇の方向に動きはじめています。これは消費者物価が上がるだけではなく、賃金も上昇していき、賃金が上昇して物価が上がっていくと、実質金利が今度は下がりはじめます。つまり、物価が上がってくるので金利が相対的に安くなるのです。こうして名目の生産額や税収も増えていくことで、経済のマクロ的な状況が大きく変わっていきます。

そうなると企業にとっては、守りに入って投資をせず、ひたすら資金を貯め込むという活動をしていては、変化に対応できなくなる可能性が高くなります。デフレの時代にはじっとしていることが最適だったかもしれませんが、経済がデフレから脱却して動きはじめたとき、ひたすら守りの姿勢でじっとしている企業は変化に取り残されます。そういう変化を感じ取ることができるかどうかが、企業の存亡にもかかわってくるでしょう。

個人にとってもここは大きなポイントで、物価や家賃が下がっている状況からそれらが上がっていく状況では、家計や貯蓄にも変化が出てきます。政府はＮＩＳＡ（少額投資非課税制度）というものをつくって国民の投資を促進しようとしていますが、それに対して想定した以上の国民がＮＩＳＡで口座を開設して、リスク投資をする方向に動いてきています。これも、そういう潮の流れの変化を反映したことかもしれません。いずれにしても、いまのアベノミクスの中で、どこに変化のツボがあるのかを理解することは、とても重要です。

女性の活用は労働市場改革の突破口？

成長戦略で注目すべき変化のツボの1つは、女性の活用です。これは日本にとって長い間重要な課題といわれてきましたが、実際にはなかなか動きはじめることはありませんでした。しかし安倍政権が、日本は女性が活躍の場をもっと持てるようにしなければならないということを鮮明に押し出したことで、いろいろなものが変わりはじめました。

実は日本の経済、社会にとって、労働市場の改革は重要な課題でした。戦後ずっと機能してきた終身雇用や年功賃金制、あるいは正規の雇用を中心とした雇用制度には、明らかにほころびが出てきています。より時代に合った労働者の活用や労働市場の運営を考えると、相当大規模な改革をしなければなりません。

しかし、これは政治的にはそれほど簡単な話ではありません。何か改革をしようとすれば、必ず既得権益がそれに対して抵抗するからです。労働市場改革全体をいきなり推し進めることはなかなか難しい場合、そういう諸問題の中で多少は進むかもしれない改革のツボのようなところ、つまり岩盤のような規制ではなく、少し柔らかくなっていて、そこを押せば変化が起こるかもしれないというところに政策を集中するという戦略があります。その1つが、女性の活躍を促進するということではないでしょうか。

労働の問題にも、性差もあれば若者と高齢者もあり、外国人労働もあるわけで、どこから攻めていくかがカギになります。いまの社会的な情勢や世界全体の流れを考えると、女性の活用が労働市場を改革するときに大きなツボになり、そこからいろいろなものが動きはじめてる可能性があります。そういうものを考えることで、労働市場の変化を見てみるのも変化のツボを見ることになるかもしれません。

このように、その時代その時代で、常に変化の渦はありますが、その渦の中心に何があるのかを、社会の変化や政治的なねらいなど、いろいろな視点から見ていくことが必要です。これまでにも1973年の石油ショック、85年のプラザ合意による急速な円高、あるいは90年代から始まったバブルの崩壊と金融危機等々、それぞれに変化のツボとなるようなキーワードがいくつかあったはずです。ぜひ皆さんも、それを考えていただきたいと思います。

重要なポイントは財政の動向

時代の変化をどう読むかが魚の目のポイントであるとしたときに、これからの時代の変化を考える上で、もう1つ重要なものに日本の財政運営があり、なかでもカギを握るのが社会保障の考え方だと思います。これについても、時間の流れの中でどのように変化していくのかという、「魚の目」思考が問われています。

デフレから脱却することは、日本の財政再建の非常に重要な出発点でした。物価が下がってデフレで税収がどんどん落ち込むなか、財政再建を行うのは難しいことです。というよりもほとんど不可能であるということは、まさに日本が経験したことであり、その意味では、デフレから脱却して物価がおだやかに上昇していく過程で、財政健全化への道も得られるのではないかと思います。

安倍内閣の何代か前の内閣からずっと受け継がれてきた、当面の大きな目標が2つあります。1つは、2015年までに財政赤字の幅を対GDP比で2010年に比べて約半分にする（プライマリーバランス）という目標です。たまたま第2次安倍内閣発足直後の2013年と2010年はほぼ同じような規模の財政赤字幅なので、2年の間に財政赤字の対GDP比を半減することが政権の大きな目標になっています。しかし、これは大変な目標で、国の財政ベースで見るとおよそ8兆円の赤字を縮小するということになり、非常に大きな規模になります。

新聞などで報道されていますが、現状では2015年までに財政赤字を半減させることは実現できそうな状況になっています。3つのことが、これを実現する上で重要な意味を持っています。

1つは消費税を5%から8%、8%から10%に引き上げるということです。これによってかなりの税収増が期待できます。

2つ目は、アベノミクスがうまく機能してデフレからの脱却を果たすことです。消費者物価で2%、名目GDPで3%の成長が達成できれば、相当な税収の増加が期待できます。すでにそういう動きが始まっていることも事実で、これがまた財政には大きく貢献するわけです。

　3つ目は、そうはいっても社会保障費や公共投資をむやみに増やしたのでは元も子もありませんから、そこをしっかり抑えることです。

　この3つの条件がそろうと、2015年までに財政赤字削減目標が実現できることになります。これは当面の日本の経済を見るときに、きわめて重要なポイントだと思います。

　1年ほど前、財政問題で非常に苦しんでいたヨーロッパのある国の政治家が日本に来ました。最初のあいさつで、私がうっかり財政問題でお苦しみでしょうと言ってしまったところ、その方は気分を害されたのか、おまえに言われたくないというようなことをおっしゃいました。

　正確には、我が国は我が国の財政問題にしっかり取り組むから、日本も日本の財政問題にしっかり取り組んだらどうだろうかと言ったわけです。ちなみにその国の政府の借金はGDPの約125％でしたが、日本の借金はすでにGDPの240％あるだろうという発言をして、にやっと笑ったわけです。日本のほうがヨーロッパの財政問題で苦しんでいる国よりも、実情はひどいのではないかと言いたかったわけです。

　私は外交的に無礼になると思ったので、そのときにあえて言いませんでしたが、本当は言いたいことがありました。要するに、おたくの国はわずか１２５％の借金で財政危機になるような国なんでしょう、ということです。日本は２４０％でもびくともしませんよと。

もちろん、日本の借金が問題ではないなどと言う気はありません。たしかに、ＧＤＰの２４０％もの借金があるということは大変なことです。日本の社会はこれから何十年という時間をかけて、この財政を健全化する方向へもっていかなければなりません。

この問題でいま最も重要なのは、これから1年、2年先、日本はより好ましい方向へ向かっていくのか、それともさらに悪い方向へ向かっていくのか、です。

いまの政府は、2年間で財政赤字を半減するという目標を立てているので、もし本当にこれが実現できるのであれば、日本の財政健全化は当面は好ましい方向へいくだろうと思います。こういうことが読み込まれて、国債の市場も落ち着いているのでしょう。

最終的には増税をし、歳出を抑えて財政のバランスをとらなければいけないわけですが、当面重要なのは、まず状況を悪い方向からいい方向へ方向転換させるということです。そのために大幅に財政赤字を圧縮していくということが求められ、そのために安倍内閣が下した判断が、デフレからの脱却なのです。いずれにしても、２０１５年まではこういう方向で財政論議が行われていくと思います。

2020年の財政黒字実現は可能か

2015年のプライマリーバランス実現と並ぶ、日本のもう1つの目標は、2020年までにプライマリーベースで財政収支を黒字にするということです。プライマリーバランスが黒字にならない限り、借金は減っていきません。いくら赤字を縮小しても赤字が残っていれば、日本の財政はよくならないので、2020年までには何とかプライマリーバランスの黒字を実現しようとしているわけです。

残念ながら、現在の政府のシミュレーションでは、アベノミクスがうまく働き、デフレ脱却を果たして名目GDPが3%くらいで成長するという非常に好ましいシナリオを実現しても、2020年の時点でGDP比マイナス1・9%、つまり1・9%のプライマリーの赤字が残るという結果になっています。金額にして、およそ12兆～13兆円の赤字が残ります。これは由々しきことです。

しかし、考えてみればこれも当たり前の話で、世界最速で高齢化が進むということが一方で起こりながら、日本はまだ消費税については10%しか考えていないのです。北欧の国は25%、ドイツやフランスでも20%近い消費税をとっているなかで、日本はまだ10%です。医療や年金、介護でも、まだまだ大胆な改革を行う必要があるといわれているにもかかわらず、なかなかそれを進めることが政治的にできていません。こういう状態を続けたままで世界最速の高齢化が進んでいけば、日本の財政を２０２０年に黒字にもっていくという目標が実現できないことは明らかです。

つまり日本は、２０１５年から２０２０年の間に、さらに踏み込んだ改革をしなければならないのです。道は２つしかありません。

１つは急速に高齢化が進むなかで、毎年１兆円ずつ支出が増えていくといわれている社会保障費の伸びをいかに抑えるか。そのための医療、年金、介護の改革をどうやって進めていくか。

もう１つは、それでもまだ財源が不足する可能性があるので、追加的に消費税率を上げるか、あるいはそれ以外の税によって税収を増やすかを考えなければなりません。

２０１５年以降、デフレからの脱却にめどがついた段階で、日本は次のステージに進まなければなりません。それに伴い、医療や年金や介護において、さらなる改革が行われていくことは明らかです。こうした分野の専門書を見ると、日本の社会保障制度の改革についていろいろな案が出ています。読者の皆さんも、ぜひそれらを参考にしてください。

おわりに――情報を集めるコツ

最後に、経済情報の集め方や整理の仕方について、いくつかの話題を紹介したいと思います。

自分の得意なフィールドをつくる

経済はいろいろなところに材料がころがっているので、自分の得意なフィールドをつくることが大事です。

例えば私は、いろいろな産業をこれまでも機会あるごとに研究したり、本にしたりしてきましたが、その出発点にあるのは流通業です。30代のときに、たまたま流通業の現場を見る機会があり、それにこだわっていろいろなことを見ていると、流通業で考えたことがほかの産業や現象にもうまく当てはまることがわかりました。

自分が関心のあるフィールドを1つ持ってみるのは大事だと思います。それも、なるべく人がやらないフィールドがいいかもしれません。

例えば、エネルギーなども面白いでしょう。というのも、エネルギーは非常に大事な分野であるにもかかわらず、意外と研究している人は少ないのです。石油について勉強してみようと思えば、必読書は2、3冊しかないと思います。それをしっかり読んでおけば、普通の人より石油について詳しくなれます。あとは、新聞の記事や世の中のいろいろな議論などに関心を持ち続けることです。

もちろん、流通は非常に面白いと思います。流通業、なかでも小売業は日々の生活の中で我々が接するものなので、材料はいくらでもころがっています。それをただ漠然と見るのではなく、自分のライフワークとして、あるいは自分のメインフィールドとして人よりも少し深く考えてみれば、いろいろな本や情報が集まってくると思います。

それ以外にも、いろいろなメニューがあるでしょう。特に仕事をしている人であれば、自分の仕事を掘り下げてみるのもいいでしょう。保険業をやっている人が、保険を研究するのも面白いかもしれません。また、不動産にかかわっている方は不動産を研究してみるのもいいでしょう。

それぞれの分野で仕事をしていて自分の分野は知っているように見えても、不動産業全体・が世界的にどういう流れになっているか、あるいは不動産の基本的な構造はどうなっているかということは、意外と知らないケースも多いかと思います。個別の分野について、自分の得意分野を1つつくっておくこともいいのではないでしょうか。

違った意見を大切にする

もう1つは、違った意見を大切にしようということです。私はときどきテレビに出演しており、いろいろなニュースや経済現象についてコメントを求められます。しかし、日本の新聞、雑誌、テレビを見てコメントしても、あまり面白いことは言えないだろうと思います。そこで私は、テレビに出る前には普通より時間をかけて英語の新聞を読むことにしています。

英語の新聞は、日本人や日本のメディアが書いたものとは少し違った視点で記事を書いています。もちろん間違っていることも多いので鵜呑みにはできませんが、大切なことは違った意見を常に耳に入れていくということです。

最近は、外国のメディアでも日本語に翻訳されているものが多くあります。人と同じ新聞、人と同じニュースを聞いて人と同じように経済問題を考えるのは、案外危険だということを知っておく必要があります。いかに違ったメディアに挑戦するかは、重要なことです。

本も同じで、ベストセラーをあさって読むというのも、それだけでいいかはあやしいところがあります。神保町の古本屋に足を運んで棚を見ていると、思わぬ宝物に遭うことがあるので、それが自分の思考を広げてくれると思います。

読む本を探すために本を読む

3つ目は、書籍をどう利用するかです。私は乱読タイプなので本もたくさん買いますし、たくさん読みます。しかし、よく考えてみると、自分が本を読むことの大きなポイントは、読む本を探すために本を読んでいるということです。

この年齢になって振り返ってみると、自分の思考に非常に大きな影響を及ぼした重要な本は何冊も思い浮かびます。そういう本は私の本棚に常にあり、3年、5年してまた読み直すことがしばしばあります。例えば、『The Prize』（邦訳『石油の世紀』ＮＨＫ出版）という本があります。ダニエル・ヤーギンという人が書いた本ですが、出版されたのはもう30年ほど前になります。しかし、いまでも石油について考えたいときには、ベストの本だろうと思います。

ヤーギンは新しいエネルギーの本も書いていますから、70年代以降であればそちらのほうがいいかもしれません。邦訳は上下あわせて１４００ページもある厚い本なので、全部読むのは骨が折れるのですが、最初から最後まで読まなくても、どこかの章をぱらぱらめくりながら読むだけでもいいと思います。

経済学者として繰り返し読むのは、ケインズの『雇用・利子および貨幣の一般理論』（東洋経済新報社ほか）や、ハイエクという人が書いた『自由の条件』（春秋社）という本です。これらの本は大変難解で、最初から最後まで読んでやろうと思うと相当つらいのですが、実は難解な本には大きなメリットもあります。宗教でいえば、聖書やコーラン、あるいは仏典のようなもので、毎晩その中から適当なところを半ページ、1ページ読むわけです。夜寝る前や時間があるときに、ケインズやハイエクを1ページ、2ページ読むのは非常に快感で、いろいろなことを考える、いいきっかけになります。

私は経済学者ですから、ケインズやハイエクを読みますが、一般の方であれば別に経済書でなくてもいいでしょう。そういう読書ができることが重要なのです。

自分でものを考える機会をつくる

最後に、経済を考えるときに重要なのは、自分でものを考える機会をつくることです。私は職業柄、新聞や雑誌の原稿を引き受けて毎週のように連載原稿を書いていますし、本も書いていますが、時折、そんなにアウトプットばかりしてインプットは大丈夫ですかと心配されます。

この質問をした人は、書くことはアウトプットで、そのためにいろいろ調査したり勉強したりするのがインプットだと考えているのですが、私にとっては必ずしもそうではありません。むしろ、書くことそのものがインプットになっているケースが非常に多いのです。私がものを書いたり、人の前で話すという行為をやめてしまったら、おそらく何も生み出せなくなります。

ものを書くということが、自分の頭を整理し、考えを進めるのです。自分の言葉で書いたりしゃべったりする機会を持つことは、きわめて重要なことで、それは職業柄ずっと感じていることです。おそらくこれは、現在の情報化社会の中では誰でも対応できることだと思います。

ブログを書いてみるとか、ツイッターで発信してみるということも含めて、誰もが自分の文章を広く発信することができる時代になりました。それはアウトプットではなく、インプットであると考えてみると、人よりも一歩進んだ思考をすることができるかもしれません。

もっと知りたい人に――ブックガイド

少しだけ経済学を勉強してみたいと考えた人に入門書を4冊紹介します。そのうち2冊はアメリカでよく使われている教科書です。

『マンキュー入門経済学』（N・G・マンキュー著、足立英之ほか訳、東洋経済新報社）

『ハバード経済学I　入門編』（R・G・ハバード、アンソニー・パトリック・オブライエン著、竹中平蔵、真鍋雅史訳、日本経済新聞出版社）

アメリカの教科書は、どれも面白い事例をたくさん載せて読みやすいように工夫されています。難点は少し厚いということですが、右の翻訳はその初級部分だけを分けて本にしてあります。

自分の本で恐縮ですが、先の2冊の本に対応する日本の教科書として、

『入門経済学』（伊藤元重著、日本評論社）

を挙げさせてもらいます。日本の教科書なので、日本の例が多く出てきます。初版が出てから30年弱たっており、その間に何度か改訂していますので、何十万人という人にこの教科

書を読んでもらっています。この本よりもさらに初級の読者を想定した本として、『日経文庫 はじめての経済学』(上・下)(伊藤元重著、日本経済新聞出版社)も挙げておきます。

経済小説を読むことは、経済を面白く理解するよい方法だと思います。最近話題になった池井戸潤の半沢直樹シリーズ(『オレたちバブル入行組』『オレたち花のバブル組』いずれも文春文庫、『ロスジェネの逆襲』ダイヤモンド社)などは、多少脚色が強いところもありますが、銀行という世界がよく見えてきます。

少し古い小説ですが、城山三郎の『価格破壊』『小説日本銀行』(いずれも角川文庫)『官僚たちの夏』(新潮文庫)などは、それを読んだときに思わず引き込まれたことをよく覚えています。いまの時点で読んでも、面白いと思います。

アメリカで城山三郎に対応するのが、アーサー・ヘイリーでしょう。自動車、医薬品業界、金融、テレビ業界など、いろいろな産業についての小説が出ていて、文庫本で手に入るはずです。

これまで読書をしてきて、特定の産業のことを知る上で非常に参考になり、一生つきあっていくような本にいくつか出会いました。例えば、石油やエネルギー関連では、ダニエル・

ヤーギンの『石油の世紀』（上・下）（日高義樹、持田直武訳、NHK出版）が圧巻です。その続編として、『探求――エネルギーの世紀』（上・下）（伏見威蕃訳、日本経済新聞出版社）も出ています。

バブルや金融問題では、ノーベル経済学賞を受賞したロバート・J・シラーの『投機バブル 根拠なき熱狂』（植草一秀訳、ダイヤモンド社）を薦めます。経済書ではありませんが、中国については『中国共産党 支配者たちの秘密の世界』（リチャード・マクレガー著、小谷まさ代訳、草思社）を興味深く読みました。中国の政治経済の本質がよく見えた気がしました。経済を中心とした日本の近現代史についての読み応えのある本としては、中村隆英の『昭和史』（上・下）（東洋経済新報社）をお薦めしたいと思います。

経済的な考え方に触れる上で、私が何度も読んだ本をいくつか挙げておきましょう。ミルトン・フリードマン、ローズ・フリードマンの『選択の自由』（西山千明訳、日本経済新聞出版社）は、その思想に賛同しない人もいるかもしれませんが、とても明快な本です。経済的な考え方で多くの問題を非常にわかりやすく説明しています。

ゲーム理論的な考え方を誰にでもわかるように解説した本として、『戦略的思考とは何か』（アビナッシュ・ディキシット、バリー・ネイルバフ著、菅野隆、嶋津祐一訳、阪急コミュニケーションズ）は強くお薦めしたい本です。

J・M・ケインズの『雇用・利子および貨幣の一般理論』（東洋経済新報社、岩波文庫、講談社学術文庫）は本当にすばらしい本ですが、残念ながら非常に難解です。ただ、その最後の数ページだけでもぜひ読んでください。

私の専門は国際経済学ですが、同じ領域の研究者の本はよく読みます。彼らは一般向けの本も書いています。プリンストン大学のポール・クルーグマン教授、コロンビア大学のジェフリー・サックス教授、MIT教授だった故キンドルバーガー教授の本などは、簡単に手に入る世界的なベストセラーなので、ぜひ読んでみてください。少し前に世界的なベストセラーになったMITのアセモグル教授他による『国家はなぜ衰退するのか』（上・下）（鬼澤忍訳、早川書房）もお薦めの本です。

グローバル化ということでいえば、ジャーナリストのトーマス・フリードマンの『レクサスとオリーブの木』（上・下）（東江一紀訳、草思社）や『フラット化する世界』（伏見威蕃訳、日本経済新聞出版社）なども鋭い分析で興味深い本です。

伊藤　元重（いとう・もとしげ）
東京大学大学院経済学研究科教授
1951年生まれ。東京大学経済学部卒業。ロチェスター大学Ph. D.。専門は国際経済学。ビジネスの現場を取材し、生きた経済を理論的な観点を踏まえて、鋭く解き明かすことで定評がある。テレビ東京「ワールドビジネスサテライト」のコメンテーターとしても活躍。
『ゼミナール国際経済入門』『デジタルな経済』『経済学的に考える。』『ビジネス・エコノミクス』（以上、日本経済新聞出版社）『吉野家の経済学』（安部修仁氏と共著、日経ビジネス人文庫）『入門経済学』（日本評論社）など、幅広いテーマを扱った多数の著書がある。

日経文庫1313

経済を見る３つの目

2014年８月８日　　1版１刷

著　者　伊 藤 元 重
発行者　斎 藤 修 一
発行所　日本経済新聞出版社
http://www.nikkeibook.com/
東京都千代田区大手町1-3-7　郵便番号100-8066
電話（03）3270-0251（代）

装幀　内山尚孝（next door design）
印刷　東光整版印刷・製本　大進堂

ISBN 978-4-532-11313-1